교육고전산책

교육고전 명문 100선

교육고전 산책

김성훈 지음

한국문화사

일러두기(본문)

1. 원저자가 보충 설명한 부분은 ( )속에 글자 크기를 줄여 표시하였습니다.
2. [ ]는 엮은이가 원문의 이해를 돕기 위해 첨가한 것입니다.
3. " "는 원저자가 사용한 것이고, ' '는 엮은이가 강조를 위해 사용한 것입니다.
4. 찾아보기는 원문 내용만을 대상으로 작성하였습니다.
5. 관례화된 것들을 제외하고 외래어 인·지명 등은 외래어표기법을 따랐습니다.

책을 펴내며

    7년 만에 책을 새롭게 단장하면서 몇 가지 변화를 주었다. 우선, 책의 제목이 달라졌다. 작년에 학과 교육과정을 개편하면서 '교육고전산책'이라는 강좌를 신설하였다. 올해부터 그 교재로 사용할 생각이어서 책명을 바꾸었다. 다음으로, 원문과의 대조 작업을 통해 번역의 정확성을 높였다. 적지 않은 부분을 다시 번역하고, 그 과정에서 기존의 내용을 삭제하고 새로운 내용을 추가하였다. 아울러 독자들의 본문 이해를 돕기 위해 각주를 달았고, 권말에 원문의 출처를 표시하였다. 마지막으로, 새로운 출판사와 연을 맺었다. 새 술은 새 부대에 담으라 하였던가! 그럼에도, 요즘 같은 불황기에 책의 출간을 흔쾌히 허락해 주신 한국문화사 김진수 대표님께 감사드린다. 몇 번의 곡절에도 호의를 보여준 조정흠 부장님과 편집을 담당한 유동근 대리님을 비롯해 책의 출간에 도움을 주신 분들께 고마움을 전한다.

2023년 4월 17일
봄기운이 완연한 봄내(春川)에서
김성훈

서문 (2013/2016)

신임교수 시절 학과 교육과정에 교육고전 과목이 없으니 이를 새롭게 개설하는 것이 어떠냐고 제안한 적이 있다. 곧 부정적인 답변이 돌아왔다. 한 노교수로부터 요즘 같은 시대에 무슨 고전 강독이 필요하냐는 쓴소리를 들었다. 돌이켜 생각해 보니 참 아이러니한 일이 아닌가! 이제 막 학과 생활을 시작한 새내기 교수는 옛것을 운운하고, 나이 지긋한 베테랑 교수는 새것을 타령하고 있었으니 말이다.

그렇다, 나는 좀 구식이다. 여전히 옛것으로부터 무엇인가를 배울 수 있다고 믿는 사람이다. 20여 년 전 대학에 입학해 교육학을 처음 공부할 때도 옛사람들의 글이 좋았고, 유학시절에도 고전의 향내에 빠져 살았다. 그리고 대학교수가 된 지금도 '무지개'보다는 '오래된 책'에 가슴이 뛴다.

지금도 우리 학과 교육과정에는 교육고전 강좌가 없다. 다시 말해 볼까 싶다가도 그냥 가슴에 묻는다. 최근의 '변화무쌍한' 대학 분위기에 '고전'이라는 고리타분한 말을 입 밖에 내놓기가 부담스러운 까닭이다. 그래도 마음 한 켠이 허전하다. 그래서 용기를 냈다. 교육고전에 관한 책을 쓰기로 한 것이다. 엄밀하게 말하면, 옛사람들의 책으로부터 오늘날 우리가 가슴에 다시 새겼으면 하는 문장들을 옮겨오는 작업이다. 나는 서양의 교육고전들로부터 100개의 명문을 가려 뽑았다. 그 과정에서 내 개인적인 선호와 주관적인 판단이 크게 작용했음은 말할 것도 없다. 또, 학문적 얄팍함으로 인해 동양의 옛 지혜들은 담아내지도 못했다.

이러한 작업상의 한계에도 불구하고, 나는 이 책이 교육고전 강독의 출발점은 될 수 있다고 믿는다. 최소한 서양의 경계 안에서 독자들은 지난 2,500년 동안 교육의 문제와 씨름했던 사람들에게 경의를 표하고, 그들의 저작들과 교우할 수 있다. 독자들은 시공을 뛰어넘는 미네르바의 향연 속에서 삶과 교육에 관한 깊은 사색을 할 수 있다. 어느 역사가의 말처럼, '과거와 현재 간의 끊임없는 대화'가 오고 가는 것이다.

그렇지만 여기서 나의 역할은 독자들을 교육고전의 세계로 안내만 할 뿐, 그들을 그 안으로 강제로 떠미는 것은 아니다. 이 책을 디딤돌 삼아 선인들의 가르침에 귀를 기울이고, 그로부터 현재를 살아가는 지혜를 얻는 것은 어디까지나 독자들의 몫이다. 내 바람은 독자들이 이 책에서 소개한 100개의 명문을 가슴에 새기고, 나아가 원 저작들을 찾아 읽는 수고를 마다치 않는 것이다. 그래서 그들에게 고전은 널리 회자되나 읽히지 않는 책이 아닌, 오래됐지만 늘 새로운 책이 되는 것이다.

김성훈

목차

책을 펴내며 5
서문(2013/2016) 6

001 본성, 경험, 훈련   *17*
이소크라테스, 소피스트에 반대하여

002 교사의 역할과 한계   *19*
이소크라테스, 안티도시스

003 교육받은 사람이란?   *21*
이소크라테스, 판아테나이쿠스

004 학교에서 배우는 것들   *23*
크세노폰, 키루스의 교육

005 남성과 여성   *25*
크세노폰, 가정경제론

006 금, 은, 동 본성   *27*
플라톤, 국가

007 교육의 의미   *29*
플라톤, 법률

008 습관의 중요성   *31*
아리스토텔레스, 니코마코스 윤리학

009 교육은 공공재(公共財)   *33*
아리스토텔레스, 정치학

010 타고나는가, 만들어지는가   *35*
키케로, 웅변가론

011 마음 다스리기   *37*
세네카, 화에 대하여

012	말보다 행동	39
	세네카, 도덕서간집	
013	교육을 위한 변(辯)	41
	퀸틸리아누스, 웅변가교육론	
014	본성, 이성, 습관	43
	플루타르코스, 아이들의 교육에 대하여	
015	교육의 중요성	45
	플루타르코스, 스파르타 격언집	
016	덕으로 가는 길	47
	바실리우스, 아이들에게 고함	
017	처음이 중요하다	49
	히에로니무스, 라에타에게 보내는 편지	
018	눈높이 교육이란?	51
	제르송, 아이들을 그리스도에게 이끄는 논고	
019	부모의 세 가지 의무	53
	베르게리오, 도덕적 품성에 대하여	
020	여성교육	55
	브루니, 고전공부론	
021	책과 함께하는 삶	57
	구아리노, 고전강독법	
022	마음의 도야	59
	실비우스, 아이들의 교육에 대하여	
023	유년기 학습의 중요성	62
	에라스무스, 아동교육론	
024	지식의 두 종류	64
	에라스무스, 교육방법론	

| 025 | 중용의 자세 | 66 |

에라스무스, 기독교군주교육론

| 026 | 학교 설립의 필요성 | 68 |

루터, 시장과 시의원에게 보내는 편지

| 027 | 학교교육의 의무화 | 70 |

루터, 아이들을 학교에 보내는 의무에 대하여

| 028 | 정원사의 방법 | 72 |

엘리어트, 가버너

| 029 | 학습의 사회적 목적 | 74 |

비베스, 지식의 전달

| 030 | 여성교육론 | 76 |

비베스, 기독교여성교육론

| 031 | 지자(知者)와 현자(賢者) | 78 |

라블레, 가르강튀아와 팡타그뤼엘

| 032 | 순서의 중요성 | 80 |

멜란히톤, 학습의 순서에 대하여

| 033 | 대학구성원의 소임 | 82 |

멜란히톤, 학교의 역할에 대하여

| 034 | 좋은 학교란? | 84 |

슈트름, 문법학교 개설에 대하여

| 035 | 훌륭한 교사의 자질 | 86 |

슈트름, 군주교육론

| 036 | 교사의 두 가지 의무 | 88 |

아스캄, 스콜마스터

| 037 | 농부의 가르침 | 90 |

아스캄, 톡소필로스

038	공(公)교육 대 사(私)교육	92
	멀캐스터, 포지션스	
039	하루를 사는 지혜	94
	몽테뉴, 현학에 대하여	
040	세상을 교실 삼아	96
	몽테뉴, 아이들의 교육에 대하여	
041	체벌의 무익함	98
	몽테뉴, 아버지의 사랑에 대하여	
042	대학이라는 곳	100
	베이컨, 학문의 진보	
043	경쟁의 이점	102
	브린슬리, 문법학교	
044	쉽고 즐겁게 배우는 방법	104
	코메니우스, 대교수학	
045	세 가지 씨앗	106
	코메니우스, 어머니학교	
046	숭고한 목적, 세속적 방법	108
	밀턴, 교육론	
047	교실에서의 훈육	110
	홀, 학교교수법의 새로운 발견	
048	인식의 제1원천	112
	로크, 인간오성론	
049	인간 행복의 조건	114
	로크, 교육에 관한 고찰	
050	학습의 세 측면	116
	로크, 학습에 대하여	

051	**여성의 권위** 페넬롱, 여성교육론	*118*
052	**학생을 대하는 자세** 라 살, 기독교학교의 행동 강령	*120*
053	**학문과 국민성** 롤랭, 학문탐구론	*122*
054	**인문학의 목적** 비코, 신학기 강연	*124*
055	**교육은 정부의 일** 라 샬로테, 국가교육론	*127*
056	**젊은이의 마음을 경작하라** 프랭클린, 젊은이를 위한 교육 제안서	*129*
057	**소극적 교육** 루소, 에밀	*131*
058	**자연의 방법** 루소, 신 엘로이즈	*133*
059	**공교육의 원리** 루소, 정치경제론	*135*
060	**대학교육의 이념** 디드로, 러시아 정부를 위한 대학 계획	*137*
061	**자유, 선택, 경쟁** 스미스, 국부론	*139*
062	**교육이 필요한 이유** 칸트, 교육에 대하여	*141*
063	**모두를 위한 교육** 튀르고, 지방정부 계획안	*143*

064	사물을 통해 가르쳐라	145
	튀르고, 그라피니 부인에게 보내는 편지	
065	국가교육의 이상	147
	콩도르세, 공교육의 일반조직에 관한 보고서	
066	자연에 진리가 있다	149
	페스탈로치, 은둔자의 황혼	
067	수(數), 형(形), 어(語)를 가르쳐라	151
	페스탈로치, 게르트루트의 자녀교육법	
068	어머니의 사랑이란?	153
	페스탈로치, 유아교육서한	
069	국민교육 체제의 수립	155
	피히테, 독일국민에게 고함	
070	소극적 교육의 문제점	157
	네케르, 진보주의 교육	
071	국가교육을 다시 생각하다	159
	훔볼트, 정부의 범위와 역할	
072	아이들의 생명성	161
	워즈워스, 서곡	
073	인간성의 개조	163
	오웬, 사회에 대한 새로운 생각	
074	'밥벌이' 학문이란?	165
	셸링, 학문하는 방법에 대하여	
075	알면 행한다.	167
	헤르바르트, 일반교육학	
076	교육학의 체계	170
	헤르바르트, 교육학강의개요	

| 077 | 도덕성 교육 | *172* |

헤르바르트, 세상의 미학적 계시

| 078 | 놀이 예찬 | *174* |

프뢰벨, 인간의 교육

| 079 | 유치원 교육의 정신 | *176* |

프뢰벨, 유치원교육학

| 080 | 삶의 공간으로서의 학교 | *178* |

그룬트비, 삶을 위한 학교

| 081 | 공립학교의 존립 이유 | *180* |

만, 교육연보

| 082 | 대학교육의 목적 | *182* |

뉴만, 대학의 이념

| 083 | 교육의 비밀 | *184* |

에머슨, 교육에 대하여

| 084 | 교육에서 정부의 역할 | *186* |

밀, 자유론

| 085 | 대학 교양교육의 이상 | *188* |

밀, 취임사

| 086 | 교육에서 두 가지 실수 | *190* |

러스킨, 영국의 미래

| 087 | 지식의 위계 | *192* |

스펜서, 어떤 지식이 가장 가치 있는가?

| 088 | 왜, 자유교육인가? | *194* |

헉슬리, 자유교육, 어디로 가야 하는가?

| 089 | 교육의 원칙 | *196* |

톨스토이, 대중교육에 대하여

090	초인(超人)을 기다리며 니체, 교육기관의 미래	*198*
091	새로운 세기, 새로운 교육 케이, 아동의 세기	*200*
092	개인과 사회의 변증법 듀이, 나의교육신조	*202*
093	학교와 삶의 관계 듀이, 학교와 사회	*204*
094	교육, 경험, 성장 듀이, 민주주의와 교육	*206*
095	인간교육의 본질 슈타이너, 인간교육학의 전제	*208*
096	아이의 성장에 필요한 것 몬테소리, 아동의 발견	*210*
097	타자(他者)의 윤리 부버, 교육에 대하여	*212*
098	두 개의 잘못된 길 마리탱, 기로에 선 교육	*214*
099	아이를 믿고, 자유를 믿는다 닐, 섬머힐	*216*
100	학교와 세상의 연대 프레네, 작업을 통한 교육	*218*

출처　220
찾아보기　226

001

본성, 경험, 훈련
이소크라테스: 소피스트에 반대하여
(Ἰσοκράτης: Κατὰ τῶν Σοφιστῶν)

이소크라테스(Ἰσοκράτης)는 기원전 436년에 태어나 338년에 죽은 그리스의 수사학자이자 교육자이다. 이소크라테스의 수사학 학교(c.392B.C.)는 그리스 전역에 명성이 높았다. 이소크라테스는 기원전 390년경에 『소피스트에 반대하여(Κατὰ τῶν Σοφιστῶν)』를 저술하였다. 이 논고에서 이소크라테스는 현실 교육을 비판한 뒤에 그의 교육에 대한 생각을 밝혔다. 그런데 이 논고의 뒷부분이 소실되어 우리는 소피스트식 교육에 반대하는 이소크라테스의 논의만을 확인할 수 있다.

¶. 나는 남들의 잘못을 지적하는 데 그치지 않고 나 자신의 견해를 밝힐 테다. **철학자들**이 개인적으로 은둔의 삶을 사는 반면에 **소피스트**의 수업을 전혀 받지 않은 사람들은 유능한 웅변가나 정치인이 되는 경우가 허다하다. 이런 나의 주장에 지혜로운 사람들이라면 모두 동의할 것이다. 왜냐하면, 연설이나 그 밖의 다른 활동들에서 능력을 보이는 사람들은 5 타고난 본성이 좋을 뿐만 아니라 실천적인 경험을 통해 교육을 받은 사람들이기 때문이다. 이러한 사람들이 형식적인 훈련을 받게 되면 그들은 종전보다 더 솜씨 있고 기민해진다. 그들은 훈련을 통해 그렇지 않았다면 우연히 얻었을 내용들을 손쉽게 배운다. 그러나 **타고난 재능**이 부족한 사람들은 설령 훈련을 받는다고 해도 짧은 시간 안에 훌륭한 토론 10 가나 저술가가 될 수 없다. 그들은 훈련을 통해 단지 다방면에 걸친 자기 개선과 이해력의 증진을 이룰 뿐이다.[1]

• 註解

2줄 **철학자들** 이소크라테스는 소피스트들의 거짓 선동뿐만 아니라 철학자들의 관조적 삶에도 부정적이었다. 현실과 동떨어져 논쟁만 일삼는 플라톤(Πλάτων) 학파를 에둘러 비판하는 것으로 볼 수 있다.

2줄 **소피스트**(σοφιστων) 기원전 5-4세기경에 그리스의 여러 도시국가를 돌아다니면서 돈을 받고 가르치는 일을 하였던 일군의 직업교사들을 말한다. 이들은 절대불변의 지식보다 상대적인 관점에서 진리와 정의를 가르쳤던 현실적인 성향의 교사들이었다. 이소크라테스도 돈을 받고 학생들을 가르쳤던 교사라는 점에서 소피스트로 분류할 수 있겠지만, 그는 소피스트들이 교육의 가능성을 과대 포장해서 사람들을 선동하고 있다고 비판하면서 그 자신을 소피스트와 동일시하지 않았다.

9줄 **타고난 재능**(φύσιν) 교사가 흔히 저지르는 잘못은 교육의 힘을 과도하게 믿는 것이다. 이소크라테스는 당대 최고의 교사 중 한 명이었지만, 교육에 타고난 재능이라는 재갈을 물리는 데 주저함이 없었다. 여기에는 이소크라테스 자신의 개인적인 결함이 한몫하였다. 이소크라테스는 최고의 수사학 교사였는지는 몰라도 최고의 웅변가는 아니었다. 그에게는 훌륭한 웅변가에게 필요한 웅장한 목소리와 담대한 마음이 결핍되어 있었다. 이런 타고난 부족함으로 말미암아 이소크라테스는 교육 만능주의를 경계하였는지도 모르겠다.

002

교사의 역할과 한계
이소크라테스: 안티도시스
(Ἰσοκράτης: Περί Ἀντιδόσεως)

이소크라테스는 기원전 354년경에 『안티도시스(Περί Ἀντιδόσεως)』를 저술하였다. '안티도시스'는 '재산을 맞바꾸다'는 뜻이다. 고대 아테네에서는 부유한 시민이 도시의 공적인 행사를 떠맡아 비용을 부담하는 관습이 있었다. 이때 그 시민은 자기보다 재산이 많은 사람에게 책임을 전가할 수 있었는데, 만일 후자가 전자와 재산을 교환하는 것에 동의하지 않으면 양자는 소송을 벌여 더 부유한 사람이 원래 계획대로 비용을 지급하였다. 기원전 356년에 이소크라테스도 이러한 재산을 맞바꾸는 송사에 휘말렸고, 이 사건을 계기로 『안티도시스』를 저술하였다. 이 논고에서 이소크라테스는 교육을 삶을 살아가는 실천적 활동으로 보고, 교육의 목적으로서 절대불변의 지식보다 세상을 살아가는 상식적 견해를 중시하였다.

¶1. 체육교사들이 학생들의 신체 단련에 적합한 자세를 가르친다면, **철학교사들**은 그들의 마음을 단련하는 각종 담론을 가르친다. 이때 학생들은 수업 내용을 먼저 충분히 숙지한 뒤에 자기들이 배운 것을 연습하고, 길들이고, 실행한다. 그래야만 학생들은 수업 내용을 더 확실하게 이해하고, 주어진 상황에 적용 가능한 **상식적 견해**를 형성할 수 있다. 특정 경우에 꼭 들어맞는 **과학적 지식**과 같은 것은 없다. 언제나 실제의 경우를 염두에 두면서 그로부터 비롯되는 결과를 뚜렷하게 인식할 수 있는 사람들이 주어진 상황에서 가장 바르게 행동한다. 학생들을 주의 깊게 살피면서 그들을 이러한 방식으로 훈련한다면, 체육교사들은 학생들의 신체 능력을 개선할 수 있고, 철학교사들은 학생들의 사고 능력을 증진할 수 있다. 그러나 이런 교사들이 모든 학생을 유능한 운동선수나 웅

변가로 만들 수 있는 과학적 지식을 가지고 있는 것은 아니다. 교사들은 교육의 결과에 어느 정도 영향은 줄 수 있지만, 학생들의 타고난 능력과 후천적 훈련이 모두 매우 뛰어난 경우가 아니라면 완벽함과 같은 결과는 만들어 낼 수 없다.²

- 註解

  1-2줄 **철학교사들** 여기서 철학(φιλοσοφίαν)을 가르치는 교사는 곧 수사학 교사를 의미하였다. 이소크라테스에게 수사학 교사는 단순히 말하는 기술을 가르치는 사람이 아니라 마음을 단련하는 담론을 가르치는 사람이었다. 철학교사와 진배없었다. 그러나 플라톤 학파에서는 이소크라테스의 바람과 달리 수사학을 가르치는 사람을 철학교사가 아닌 소피스트로 간주하였다.

  5줄 **상식적 견해(δόξαις)** 이소크라테스는 교육을 통해 '상식적 견해'를 형성하고, 그러한 상식적 견해를 실제의 경우에 적용하면서 주어진 상황에서 최선의 결과를 얻을 수 있다고 믿었다.

  6줄 **과학적 지식(ἐπιστήμας)** 플라톤식 절대불변의 지식을 의미한다. 이소크라테스의 '상식적 견해'와 대비되는 개념이다.

003

교육받은 사람이란?
이소크라테스: 판아테나이쿠스
(Ἰσοκράτης: Παναθηναϊκός)

『판아테나이쿠스(Παναθηναϊκός)』는 기원전 339년에 출간된 이소크라테스의 마지막 저작이다. 이소크라테스는 『판아테나이쿠스』를 기원전 342년 범(汎)그리스 축제를 얼마 남기지 않은 시점에서 저술하기 시작하였다. 이소크라테스의 바람은 그의 조국 아테네의 영광을 만천하에 알리는 것이었다. 교육적인 관점에서, 이소크라테스는 『판아테나이쿠스』에서 그가 생각하는 교육받은 사람의 이상을 밝혔다.

¶. 나는 **기술, 지식, 능력**이 뛰어난 사람을 교육받은 사람이라고 부르지 않는다. 그렇다면 도대체 누가 교육받은 사람인가? 우선 날마다 주위의 일을 잘 살피고, 삶의 여러 경우에 적절하게 대처하는 판단력을 소유한 사람이다. 다음으로 다른 사람의 불쾌하거나 공격적인 태도에는 관대하고 스스로는 주변 사람에게 최대한 친절하고 합당하게 행동하는 사람, 즉 동료와의 관계가 점잖고 훌륭한 사람이다. 그밖에 기쁨을 항상 자제할 줄 알고, 불행이 닥쳤을 때는 고통을 용감하고 인간답게 이겨내는 사람이다. 마지막으로 가장 중요한 특징은 성공에 자만하지 않으면서 지성인답게 의연하게 삶을 살아가고, 타고난 본성과 능력이 아닌 우연을 통해 얻은 좋은 것들에 기뻐하지 않는 사람이다. 나는 위에서 말한 모든 것에 하나도 빠짐없이 전부 해당하는 지혜로운 사람이 인간으로서의 모든 덕을 갖춘 **완전한 사람**이라고 생각한다.³

- 註解

1줄 **기술(τέχνας), 지식(ἐπιστήμας), 능력(δυνάμεις)** 이소크라테스는 교육이 특정 기술을 익히거나 전문적인 능력을 배양하는 일이 아니라고 생각하였다. 그렇다고 절대불변의 지식을 탐구하는 일도 아니라고 보았다. 이소크라테스에게 교육은 실천적 지혜를 구하는 일로서 그 목적은 오늘 하루를 인간답게 살아가는 데 있었다.

12줄 **완전한 사람(τελέους ἄνδρας)** 이소크라테스의 교육받은 사람의 이상은 그가 생각하는 인간의 합목적성(合目的性)이다. 즉 인간이 자신의 목적에 걸맞게 존재하는 방식을 가리킨다.

004

학교에서 배우는 것들
크세노폰: 키루스의 교육
(Ξενοφῶν: Κύρου Παιδεία)

크세노폰(Ξενοφῶν)은 기원전 430년경에 태어나 354년에 죽은 그리스의 군인이자 저술가이다. 크세노폰은 기원전 4세기 초엽에 고대 페르시아 제국의 건설자인 키루스(Kūruš) 2세의 일대기를 다루는 『키루스의 교육(Κύρου Παιδεία)』을 저술하였다. 군주의 덕을 널리 칭송(πανηγυρικός)하는 글이다(infra, 67). 크세노폰은 이 책의 1권에서 키루스가 유년기에 받았던 페르시아의 교육을 소개하였다.

¶. [페르시아] 소년들은 학교에서 정의로움을 배운다. 그들은 정의로움을 배우기 위해서 학교에 간다. 반면에 **우리의 소년들**은 글을 배우기 위해서 학교에 간다. 나라에서 임명한 **장학관들**은 하루의 대부분을 소년들의 잘잘못을 가리며 보낸다. 왜냐하면, 어른들처럼 소년들도 절도, 강도, 폭행, 사기, 욕설과 같은 잘못들을 상대방에게 떠넘기려 하기 때문이다. 장학관들은 잘못을 저지른 소년뿐만 아니라 무고한 동료를 고발한 소년도 함께 벌한다. 이때 소년들이 배은망덕한지를 심판한다. 배은망덕함은 사람들이 가장 싫어하는 잘못이므로 은혜를 갚을 수 있는데도 그렇게 하지 않은 소년들은 매우 심하게 혼난다. 고마움을 모르는 사람들은 신과 부모, 국가와 친구들에 대한 의무에도 소홀하기 마련이다. 배은망덕한 사람들의 부끄러움을 모르는 **뻔뻔스러움**이 모든 도덕적 잘못의 원인이다. 장학관들은 소년들에게 자제력을 가르친다. 소년들은 자기보다 나이 많은 학생들이 하루를 절제하며 살아가는 모습을 보면서 스스로 욕구를

억제하고, 그런 상급생들이 장학관들에게 복종하는 모습을 보면서 자기들도 그렇게 행동한다. 장학관들은 소년들에게 절제된 식습관을 가르친다. 소년들은 자기보다 나이 많은 학생들이 장학관들의 해산 명령이 있을 때까지 배고픔을 참는 모습을 보면서 인내를 배운다.[4]

• 註解

2줄 **우리의 소년들** 아테네의 소년들을 말한다. 크세노폰은 페르시아의 소년들과 아테네의 소년들이 받는 교육을 서로 비교하면서 교육의 목적이 단순히 글공부에 있는 것이 아니라 인간다운 올바름을 갖추는 데 있다고 주장하였다.

3줄 **장학관들(ἄρχοντες)** 소년들의 교육을 책임지는 사람들이다. 크세노폰에 따르면, 페르시아 제국을 구성하는 열두 개 부족 모두 장학관을 한 명씩 두었다. 각 부족의 연장자 중에서 소년들을 돌보는 일에 적합한 사람을 장학관으로 선발하였다. 장학관은 소년들의 행실을 전체적으로 관리·감독하는 사람으로서 교사(διδασκάλῳ)와는 다른 개념이었다.

005

남성과 여성
크세노폰: 가정경제론
(Ξενοφῶν: Οἰκονομικός)

크세노폰은 노년에 이르러 『가정경제론(Οἰκονομικός)』을 저술하였다. 학자들은 크세노폰의 저술 시점을 최소한 기원전 362년 이후로 추정하고 있다. 이 책은 가장 오래된 경제학 관련 저작이다. 『가정경제론』은 집안을 잘 꾸려나가는 방법에 관한 논고로 널리 알려졌지만, 그 안에는 고전기 아테네의 사회상, 지적인 분위기, 특히 여성의 지위와 교육에 관한 기술이 담겨있다.

¶. 신은 처음부터 여성의 본성을 집 안의 일에 적합하게, 남성의 본성을 집 밖의 일에 적합하게 만들었다. 신은 추위와 더위, 여행과 원정을 참고 견딜 수 있는 남성에게 집 밖의 일을 맡겼고, 그러한 노고를 감당하지 못하는 여성에게 집 안의 일을 맡겼다. 신은 모성애가 강한 여성에게 아이를 낳아 키우는 의무를 부과하였다. 그리고 남성보다 조심성이 많은 여성에게 집의 곳간 관리를 맡겼다. 곳간을 지키는 일에 조심해서 나쁠 것이 없기 때문이다. 신은 집 밖의 일을 담당하는 남성에게 외부의 침입자와 맞서 싸울 수 있는 커다란 용기를 주었다. 남성과 여성이 서로 도움을 주고받아야 하므로 신은 그들 모두에게 기억력과 주의력을 어느 한쪽에 치우치지 않게 공평하게 부여하였다. 신은 또한 남성과 여성 모두에게 적절한 자기 통제력을 주었고, **남성의 일과 여성의 일**을 차별하지 않으면서 **더 잘하는 것에 권위를 주었다**. 남성과 여성은 타고난 소질이 똑같지 않으므로 상대방을 더 많이 필요로 한다. 그리고 그들은 서로에게 쓸

모가 있는데, 하나가 잘 못 하는 일을 다른 하나가 더 잘하기 때문이다.[5]

- **註解**

  [11줄] **남성의 일과 여성의 일** 크세노폰은 남성과 여성을 성적(性的)으로 차별하기보다는 그들 간의 자연적인 능력의 차이에 주목하였다. 남성과 여성의 일이 서로 다른 것은 남성과 여성이 타고나기를 더 잘 할 수 있는 일이 따로 있기 때문이라는 것이 크세노폰의 설명이었다.

  [12줄] **더 잘하는 것에 권위를 주었다** 고대의 전통에 따르면, 우수함(ἄριστος)이 지배(κράτος)하는 아리스토-크라시(ἀριστοκρατίᾱ)이다. 현대적 의미로는 능력중심주의, 즉 메리토-크라시(meritocracy)이다. 메리토-크라시의 가장 대표적인 예는 플라톤의 이상국가다(infra, 27).

006

금, 은, 동 본성
플라톤: 국가
(Πλάτων: Πολιτεία)

플라톤(Πλάτων)은 기원전 428/427년에 태어나 348/347년에 죽은 그리스의 철학자이자 교육자이다. 플라톤은 기원전 387년경 아테네 근교에 '아카데미아(Ἀκαδημία)'를 세우고 철학을 가르쳤다. 『국가(Πολιτεία)』는 플라톤의 대화편 가운데 중기를 대표하는 저작이다. 『국가』에서 플라톤은 타고난 본성에 따라 교육의 단계를 조절하는 국가교육 체제를 수립하고, 그것을 통해 철인이 통치하는 이상국가를 만들고자 하였다.

¶. **신은 인간을 서로 다르게 만들었다.** 당신들 중에는 국가를 통치할 사람들이 있다. 그들은 금의 본성을 소유한 사람들로서 최고의 명예를 누린다. 다음으로 은의 본성을 지닌 사람들이 있다. 그들은 국가의 수호자들이 된다. 마지막으로 국가의 농업과 생산을 담당할 사람들이 있다. 그들은 동과 철의 본성을 가지고 있다. 일반적으로 부모의 본성은 아이들에게 그대로 전달되지만, 가끔은 금의 본성의 부모에게서 은의 본성의 아이가 태어나고, 반대로 은의 본성의 부모에게서 금의 본성의 아이가 태어나기도 한다. 신은 국가의 통치자들에게 모든 아이를 주의 깊게 관찰하면서 그들의 타고난 본성을 확인하라고 명하였다. 만일 금이나 은의 본성을 가진 부모에게서 동과 철의 본성을 가진 아이가 태어난다면, **사회적 지위**를 이동시키는 것이 자연의 법칙이다. 통치자는 타고난 본성 때문에 아이의 사회적 지위가 하락해 농부나 상인이 되는 것에 마음 아파해서는 안 된다. 반면에 상인계급에서 신분이 상승해 통치자와 수호자

가 되는 영예를 누리는 아이들도 있다. 신탁의 예언대로 동이나 철의 본
성을 가진 사람이 국가를 통치하면, 국가는 쇠퇴하기 때문이다.[6]

• 註解

1줄 **신은 인간을 서로 다르게 만들었다** 플라톤은 사람들을 타고난 본성에 따라 서로 다르게 교육할 것을 주장하였다. 플라톤은 다른 것을 다르게 다루는 것이 평등한 것이고, 사람들 각자가 자신의 자연적 위치에서 소임을 다 할 때 정의가 실현될 수 있다고 믿었다.

11줄 **사회적 지위** 플라톤은 자연이 부여한 능력에 따라 사회의 계층 이동이 위아래로 자유로운 사회를 꿈꾸었다. 플라톤의 이상국가가 능력 중심주의(meritocracy)였음을 말해주는 대목이다.

007

교육의 의미
플라톤: 법률
(Πλάτων: Νόμοι)

『법률(Νόμοι)』은 위작(僞作) 논란에 시달리는 플라톤의 마지막 작품이다. 『국가』가 이상적인 국가교육에 대한 논의였다면, 『법률』은 현실적인 시민교육에 대한 논의였다. 플라톤은 『국가』를 저술하고 이십여 년이 지난 뒤에 『법률』에서 교육에 대한 최후의 농익은 판결을 내놓았다. 플라톤이 살아있었다면, 아마도 『국가』보다 『법률』을 그의 대표적인 교육 저작으로 손꼽았을 것이다.

¶. 교육의 의미를 분명하게 정의하자. 인간 개개인의 양육이 좋고 나쁨을 말할 때 우리는 어떤 사람은 교육을 받았고 어떤 사람은 교육을 받지 못하였다고 생각한다. 물론 장사꾼이나 배의 선장과 같은 직업에서는 종종 교육을 받지 못한 사람이 매우 교육을 잘 받은 사람으로 통한다. 그러나 이러한 의미로 우리는 교육이라는 말을 사용하지 않는다. 우리가 교육이라는 말을 사용할 때는 인간에게 어려서부터 덕을 가르치는 것, 즉 그를 통치와 복종의 방법을 아는 **좋은 시민**으로 만드는 경우에 해당한다. 이것은 우리가 교육이라고 부를 수 있는 유일한 훈련이다. 부의 획득이나 신체적 강인함, 또는 지혜와 정의와는 별개로 단순한 재기를 목표로 하는 훈련은 비천하고 **자유롭지 못하기** 때문에 교육이라고 부를 가치가 없다. 만일 위에서 주장한 명제, 즉 교육을 잘 받은 사람들이 일반적으로 좋은 사람들이 된다는 것이 사실이라면, 우리는 교육의 명칭 문제로 서로 왈가왈부할 필요가 없다. 우리는 또한 인간이 이 세상에서 경험

할 수 있는 가장 최고로 아름다운 일인 '교육'에 주의를 게을리해서도 안
된다. 비록 교육의 과정에서 길을 잃고 방황하기 쉽지만, 잘못된 방향은
바로 잡을 수 있다. 그리고 이러한 개선을 위한 노력이 모든 인간이 살면
서 해야만 하는 중요한 일이다.[7]

• 註解

7줄 **좋은 시민** 플라톤이『국가』에서 이상적인 통치자교육론을 전개하
였다면, 그는『법률』에서 시민(πολίτην)이라는 현실적인 교육 목적
에 주목하였다.

10줄 **자유롭지 못한**(ἀνελεύθερον) '여가, 교육, 독립, 지배'가 결여된 상
태를 가리킨다. 여가가 없고, 교육을 받지 못하고, 독립적이지 않
고, 지배[다스리는 일]에 부적합하다는 의미다. 그로부터 '자유로
운'의 성격과 범위를 반대로 규정할 수 있다.

008

습관의 중요성
아리스토텔레스: 니코마코스 윤리학
(Ἀριστοτέλης: Ἠθικὰ Νικομάχεια)

아리스토텔레스(Ἀριστοτέλης)는 기원전 384년에 태어나 322년에 죽은 그리스의 철학자이자 교육자이다. 아리스토텔레스는 플라톤의 아케데미아에서 공부하였고, 나중에 '리케이온(Λύκειον)'이라는 학교를 설립하여 제자들을 가르쳤다. 『니코마코스 윤리학(Ἠθικὰ Νικομάχεια)』은 아리스토텔레스의 도덕철학을 대표하는 저작이다. 이 책에서 아리스토텔레스는 좋은 삶을 살기 위해서는 어렸을 때부터 도덕적으로 선한 습관을 형성하는 일이 필요하다고 주장하였다.

¶. 어떤 사람들은 우리의 타고난 **본성**이 도덕적으로 선하다고 생각하고, 다른 사람들은 **습관** 또는 **가르침**을 통해 그렇게 된다고 생각한다. 타고난 본성은 신의 은총을 받은 사람들에게만 해당하는 것으로서 우리가 개입할 여지가 없다. 한편 가르침의 효과는 모두에게 똑같지 않다는 문제가 있다. 그러나 씨앗을 키우는 땅처럼 아이의 영혼은 어려서부터 좋고 나쁜 것에 대한 **습관**을 통해 계발될 수 있다. 욕정이 시키는 대로 삶을 사는 사람은 가르침에 귀를 기울이지 않을 뿐만 아니라 그것을 이해하지도 못한다. 이러한 상황에서 우리가 어떻게 삶의 방식을 설득을 통해 변화시킬 수 있겠는가? 일반적으로 욕정을 다스리는 데는 이성적인 가르침보다 강제적인 간섭이 효과적이다. 우리는 어느 정도 고귀함을 사랑하고 천박함을 싫어하는 마음을 가지고 태어난다. 그러나 **법**의 적절한 간섭 없이 아이를 어려서부터 도덕적으로 바르게 훈련하는 일은 쉽지 않다. 왜냐하면, 사람들 대부분은 절제하면서 강인하게 삶을 사는 것을 좋

아하지 않기 때문이다. 특히 아직 어렸을 때 그러하다. 이러한 이유에서 양육과 일을 법으로 정해 놓아야 한다. 일단 습관이 되면 힘들지 않을 테니까.[8]

• 註解

1–2줄 **본성**(φύσει), **습관**(ἔθει), **가르침**(διδαχή) 이 세 가지 요소는 서로 조화를 이루는 것이 이상적이다. 아리스토텔레스는 습관을 통한 덕의 형성을 강조하였을 뿐, 나머지 두 요소를 경시하지는 않았다.

6줄 **습관** 아리스토텔레스는 습관을 중시하였다. 어려서부터 좋은 습관이 몸에 배도록 부단히 노력해야 한다. 인간은 단숨에 행복해질 수 없다. 아리스토텔레스의 지적대로, "제비 한 마리가 왔다고 해서 봄이 온 것은 아니다"(1098a18).

11줄 **법**(νόμοις) 고대 그리스 사회에서 종종 목격되는 자연의 본성(φύσις)과 사회의 규범(νόμος) 간의 논쟁이다. 그 둘이 서로 충돌하였을 때, 아리스토텔레스의 입장이 어떠하였는지 가늠할 수 있는 대목이다.

009

교육은 공공재(公共財)
아리스토텔레스: 정치학
(Ἀριστοτέλης: Πολιτικά)

『정치학(Πολιτικά)』은 아리스토텔레스의 실천철학을 대표하는 저작이다. 교육적인 관점에서 이 책의 7-8권은 중요하다. 아리스토텔레스의 교육 목적과 방법을 확인할 수 있기 때문이다. 『정치학』 8권이 미완에 그치는 바람에 우리는 아리스토텔레스의 교육에 대한 생각을 온전하게 고찰할 수 없다. 다만 남아 있는 자료를 종합해 보았을 때, 아리스토텔레스는 교육을 국가의 주된 임무로 간주하면서 모두를 위한 일반적인 교육 체제를 구상하였다.

¶. 법률제정자는 무엇보다도 젊은이의 교육에 주의를 기울여야 한다. 교육을 등한시하였을 때 국가는 해를 입기 때문이다. 시민은 자기가 속한 정부 형태에 적합한 성격을 갖추어야 한다. 각각의 정부마다 처음부터 고유한 특징이 있다. 민주적인 특징은 민주적인 정부를 낳고, 독재적인 특징은 독재적인 정부를 낳는다. 정부의 좋고 나쁨을 결정하는 것은 언제나 그 안에 있는 좋고 나쁜 특징이다. 다시 말하지만, 어떤 능력이나 기술을 사용하기 위해서는 미리 훈련을 받고 습관을 형성해야 한다. 덕을 실천하는 것도 마찬가지다. 국가의 목적은 하나이므로 **교육은 모두에게 똑같은 것**이어야 한다. 교육은 공(公)적인 것이어야지 **오늘날**처럼 모든 사람이 아이들을 개별적으로 돌보고 그들에게 별도의 수업을 제공하는 사(私)적인 것이 되어서는 안 된다. 공동의 관심사에 따른 훈련은 모두에게 똑같아야 한다. 우리는 시민들 개개인이 그 자신이 아닌 **국가에 속해 있고**, 그들 각자가 국가의 한 부분이며, 각 부분에 대한 돌봄이 전체

에 대한 돌봄과 분리될 수 없음을 깨달아야 한다. 이러한 관점에서 **스파르타**의 사람들은 지혜로웠다. 그들은 아이들을 돌보는 수고를 마다하지 않았고, 교육을 국가의 중요한 일로 간주하였기 때문이다.[9]

• 註解

> **8-9줄** **교육은 모두에게 똑같은 것** 고대 교육문헌에 자주 등장하는 교양교육(Ἐγκύκλιος Παιδεία)의 개념이다. 모든 사람이 받는 일반적인 성격의 교육이다. 특정 직업·기술 교육[훈련]과는 다르다.

> **9줄** **오늘날** 아리스토텔레스에게 교육은 공공의 선이었고, 그 목적은 정부 형태에 적합한 시민을 길러내는 것이었다. 그러나 당시 아테네에서 교육은 사사로운 것이었고, 국가가 아닌 부모가 아이들의 교육을 책임졌다. 이에 아리스토텔레스는 스파르타의 국가교육 제도를 염두에 두면서 그 자신의 교육관을 피력하였다.

> **12-13줄** **국가에 속해 있고** 이런 식의 논의로부터 '인간은 사회적 동물'이라는 아리스토텔레스의 명제가 나온다.

> **14-15줄** **스파르타** 고대 그리스의 도시국가이다. 국가중심의 정체(政體)와 '아고게(ἀγωγή)'로 불리는 엄격한 교육훈련 체계로 유명하였다. 크세노폰은 그의 『스파르타 정체(Λακεδαιμονίων Πολιτεία)』에서 스파르타의 교육 방식을 칭송하였고, 플라톤의 『국가』는 스파르타의 아고게에 토대를 두는 것이었다.

010

타고나는가, 만들어지는가
키케로: 웅변가론
(Cicero: De oratore)

키케로(Cicero)는 기원전 106년에 태어나 43년에 죽은 로마의 정치가이자 저술가이다. 키케로는 기원전 55년에 『웅변가론(De oratore)』을 저술하였다. 『웅변가론』에서 키케로는 '도덕적으로 선하고 말솜씨가 뛰어난 사람(vir bonus dicendi peritus)'이라는 웅변가 교육의 이상을 밝혔다(infra, 42). 키케로는 훌륭한 웅변가가 되기 위해서는 타고난 재능과 특질, 폭넓은 교양교육, 전문적인 훈련이 서로 조화를 이루어야 한다고 주장하였다.

¶. 훌륭한 웅변가의 첫 번째 조건은 타고난 재능이다. **안토니우스**가 방금 말하였던 웅변술에 관한 저작들을 살펴보면 사람들에게 부족한 것은 웅변의 원리와 방법이 아닌 타고난 재능이었다. 즉석에서 말을 잘 만들어내고, 풍부한 내용을 세련되게 표현하며, 기억력이 뛰어난 사람들은 선천적으로 머리가 좋은 사람들이다. 이러한 능력들을 후천적인 훈련을 통해 얻을 수 있다는 생각은 잘못이다. 다만 훈련을 통해 그것들을 자극하고 일깨운다면 상황은 더 좋아질 수 있다. 그것들은 인간의 기술로 만들어 낼 수 없다. **자연의 선물**이기 때문이다. 그밖에도 능변의 말솜씨, 낭랑한 목소리, 튼튼한 폐, 활기, 호감을 주는 인상과 외모 등은 인간의 타고난 특질이다. 이렇게 말한다고 내가 훈련의 효과를 완전히 부정하는 것은 아니다. 왜냐하면, 재능은 교육을 통해 완벽해지고, 그렇지 않은 경우에도 개선과 교정의 여지는 있기 때문이다. 그러나 태생적으로 혀가 짧고, 음성이 귀에 거슬리며, 외모와 몸짓이 촌스러운 사람들은 재능

이 뛰어나고 훈련을 잘 받아도 좋은 웅변가는 되지 못한다. 반면에 우리 주변에는 자연의 축복을 받고 태어나 위에서 말한 것과 정반대의 특질을 지닌, 인간이라기보다는 신의 모습에 가까운 사람들이 있다.[10]

- 註解

1줄 **안토니우스(Antonius)** 당대의 뛰어난 웅변가였다. 2차 삼두정(Triumvirate)을 이끌었던 마르쿠스 안토니우스의 할아버지였다. 키케로의 『웅변가론』에서는 스카이볼라(Scaevola), 크라수스(Crassus)와 함께 가상의 대화 인물로 등장한다.

8줄 **자연의 선물** 타고난 재능과 선천적인 특질을 의미한다. 키케로는 타고난 웅변가의 존재를 염두에 두면서 자연의 선물을 인간의 기술보다 위에 두었다.

011

마음 다스리기
세네카: 화에 대하여
(Seneca: De ira)

세네카(Seneca)는 기원전 4년경에 태어나 65년에 죽은 로마의 철학자이자 정치가이다. 『화에 대하여(De ira)』는 52년경에 세네카가 화를 잘 내는 그의 형 노바투스(Novatus)에게 보냈던 편지 형식의 글이다. 세네카는 화를 다스리는 전략의 하나로서 교육에 관심을 가졌다. 세네카는 어려서부터 좋은 교육을 받아 도덕적 마음이 형성되면 화를 다스리는 데 도움이 된다고 믿었다.

¶. 좋은 교육만큼 아이들에게 이로운 것도 없다. 그러나 아이들을 교육하는 일은 쉽지 않다. 아이들의 성마른 기질을 다잡으면서도 그들의 성품이 무뎌지지 않으려면 세심한 주의가 필요하다. 자유로운 상태에서 아이의 정신은 고양되지만, 예속된 상태에서는 의기소침해진다. 칭찬은 아이의 용기와 자신감을 북돋지만, 그와 동시에 자만과 화를 부른다. 그러므로 아이를 그 두 극단 **사이에서 교육하며** 때론 재갈을 물리고, 때론 격려해야 한다. 아이는 어떤 것도 비굴하게 간청하지 말고, 어떤 것도 굽신거리며 얻지 말아야 한다. 무엇이든 그 자신의 힘으로 얻어야 한다. 과거의 좋은 품행에 호소하고 미래의 바람직한 행동을 약속하라. 아이는 동료들과 당당하게 경쟁해야 한다. 우호적인 분위기 속에서 상대방을 해치지 않으면서 경쟁에서 이기는 법을 배워야 한다. 아이는 승리하였을 때 마땅히 기뻐해야 한다. 그러나 너무 들뜬 마음에 거들먹거려서는 안 된다. 아이에게 휴식은 필요하지만, 그것이 게으름과 나태와 쾌락을 조장

해서는 안 된다. 아이들을 너무 감싸 키우면 신경질만 많아진다. 그런 아
이들은 매사 제멋대로다. 여태껏 자기 뜻대로만 살아온지라 어쩌다 퇴짜
라도 당하면 어쩔 줄 모른다. 그러면, 어머니가 애처로운 듯 얼른 아이의
눈물을 닦아주고 교복(教僕)이 나서 문제를 해결한다. 지체 높은 집안에
서 태어난 아이는 성마른 도련님으로 자란다. 아첨꾼들은 이러한 성격을
부추긴다. 주변에 아부하는 사람을 두지 마라. 아이는 사실을 듣고, 진실
을 마주해야 한다. 떼를 써서 얻을 수 있는 것이 없음을 깨달아야 한다.
아이가 울고 있는 동안에는 아무것도 주지 마라. 울음을 그쳤을 때 원하
는 것을 주어라. 아이가 잘못한 일이 있거든 항상 꾸짖어라. 아이들 곁에
품성이 올바른 교사, 교복, 유모를 두어라. 그들의 올곧은 습성이 아이들
의 유순한 마음에 그대로 새겨지리라.[11]

• 註解

6줄 **사이에서 교육하며** 스토아 철학자인 세네카의 면모가 잘 드러난
다. 세네카는 아이를 교육하면서 어느 한 극단으로 치닫지 말고
가운데서 중용의 덕을 지키라고 충고하였다.

17줄 **교복(paedagogo)** 가르치는 노예라는 뜻이다. 고대 그리스와 로마
사회에서 귀족 집안의 아이를 학교에 데려다주고 데려오는 일을
하였다. 교육받은 노예로서 아이의 품행을 바로잡는 역할을 맡았
다. 원래 고대 그리스어 '파이다고고스(παιδαγωγός)'에서 왔다. 파이
다고고스는 '어린아이'를 의미하는 '파이스(παῖς)'와 '이끌고 안내한
다'는 뜻을 가진 '아고(ἄγω)'가 결합한 단어이다. 이로부터 현대어
페다고그(pédagogue), 페다고지(pedagogy) 등이 파생되었다.

012

말보다 행동
세네카: 도덕서간집
(Seneca: Epistulae morales)

세네카는 말년(63-65년)에 친구인 루킬리우스(Lucilius)와 다량의 편지를 주고받았다.『도덕서간집(Epistulae morales ad Lucilium)』은 세네카가 이 시절 루킬리우스에게 보냈던 백스물네 통의 편지를 묶은 책이다. 아래 인용문은 세네카의 쉰두 번째 편지글에서 발췌하였다. 세네카의 논지는 대다수 보통 사람들에게는 삶의 바른 방향을 알려주는 교사가 필요하고, 그러한 인생의 안내자는 말보다 행동을 통해 가르치는 실천적인 사람이어야 한다는 것이었다.

¶. 인간의 기질 자체가 고칠 것투성이다. 우리의 인생도 가시밭길이다. 그러니 그것들에 맞서 싸우고, 우리를 도와줄 사람을 찾자. 그러면 **당신**은 물을 테다, "누구에게 도와달라고 할까? 이 사람한테, 아니면 저 사람한테?" 또 다른 선택지는 옛사람들에게 도움을 청하는 것이다. 그들은 적어도 시간이 없다고 둘러대지는 않을 테니까. 우리는 현대인들뿐만 아니라 고대인들로부터도 도움을 얻을 수 있다. 그러나, 동시대인 중에서, 우리는 말만 그럴듯하게 하는 사람들을 골라서는 안 된다. 그러한 사람들은 알맹이가 없는 말을 떠들어대고, 쓸데없는 자기 자랑만 일삼기 때문이다. 그보다 직접 살아가는 모습을 통해 가르치는 사람들, 우리에게 할 것과 하지 말아야 할 것을 일러준 뒤에 몸소 자신의 가르침을 실천하는 사람들을 선택해야 한다. 우리는 말보다 행동을 잘하는 사람을 **안내자**로 삼아야 한다. 그렇다고 **철학자들**의 말에 귀를 기울이지 말라는 것은 아니다. 그들이 대중들 앞에서 공공(公共)의 회합을 열면서 자기 이익

의 추구가 아닌 그들 자신과 타인들의 개선을 목적으로 논쟁을 벌인다면
15 그들의 말에도 주의를 기울여야 한다.¹²

- **註解**

  2줄 **당신** 편지의 수신자인 루킬리우스이다. 그러나 세네카의 편지는 일반 독자들을 위한 교훈적인 성격이 짙다. 편지의 형식을 빌려 세상 사람들에게 철학적인 가르침을 전달하는 것으로 보아야 한다.

  11-12줄 **안내자** 여기서는 교사를 말한다. 세네카에게 교사는 인생의 길잡이와도 같았다. '인생을 어떻게 살고 죽어야 하는가'에 대한 세네카 식의 삶의 고민이 묻어난다.

  12줄 **철학자들** 세네카 자신도 철학자였음을 기억해야 한다. 세네카는 철학을 한답시고 사변적인 논쟁이나 일삼는 궤변론자들을 비판하였다.

013

교육을 위한 변(辨)
퀸틸리아누스: 웅변가교육론
(Quintilianus: Institutio oratoria)

퀸틸리아누스(Quintilianus)는 35년경에 태어나 100년경에 죽은 로마의 수사학자이자 교육자이다. 퀸틸리아누스는 1세기 중엽 로마에 학교를 열고 최소한 이십 년이 넘게 수사학을 가르쳤다. 88년경에 가르치는 일에서 물러난 퀸틸리아누스는 『웅변가교육론(Institutio oratoria)』을 저술하였다. 이 책에서 퀸틸리아누스는 훌륭한 웅변가가 되기 위해서는 타고난 재능과 특질도 중요하지만, 어려서부터 좋은 교육을 받으며 자라나야 한다고 주장하였다.

¶. 아버지는 아이가 태어날 때부터 미래에 대한 원대한 희망을 품어야 한다. 아이에 대한 바람이 클수록 아버지는 아이의 교육에 더 주의를 기울인다. 단지 소수의 아이들만이 지식을 습득하는 능력이 있고, 아이들 대부분은 이해력이 떨어져 교육은 시간과 노력의 낭비라는 주장이 있다. 이는 전혀 근거가 없다. 오히려 우리는 아이들 대부분이 기민하게 사고하고 민첩하게 학습한다는 사실을 알고 있다. 새가 날 수 있고, 말이 빨리 달리고, 들짐승이 먹잇감에 사나운 것처럼, 인간에게 이성적 능력은 자연스러운 것이다. 우리의 마음에는 천상의 영혼이 지닌 활기와 슬기로움이 깃들어 있다. 우둔해서 가르칠 수 없는 아이들은 기형적으로 태어난 비정상적인 경우이다. 이때도 그 수는 매우 적다. 일반적으로 아이들은 많은 일에서 전도유망함을 보인다. 아이들이 성장하면서 장래성이 사장되는 것은 타고난 재능이 부족해서가 아니라 필요한 돌봄을 제대로 받지 못해서다. 물론, 아이마다 타고난 재능의 차이가 있고, 그에 상응하는

성과의 차이가 있기 마련이다. 그러나 교육의 효과를 전혀 보지 못하는
아이는 없다. 절대로 그러한 경우는 없다. 이러한 믿음이 있는 아버지라
면 장차 훌륭한 웅변가가 될 소질을 보이는 아이의 교육에 최선을 다할
것이다.[13]

- 註解

14줄 교육의 효과 훌륭한 웅변가는 타고나는가, 아니면 만들어지는가? 퀸틸리아누스는 타고난 재능에 따른 차이를 인정하면서도 교육을 통한 성장 가능성을 믿었다. 퀸틸리아누스는 그의 오랜 수사학 교사로서의 경험을 토대로 훌륭한 웅변가를 신과 인간의 공동 작품으로 간주하였다.

16줄 훌륭한 웅변가 고대 로마 사회에서 교육받은 사람의 전형(典型)이다. 훌륭한 웅변가는 말만 잘하는 사람이 아니라 도덕적으로 선한 사람이다. 키케로(supra, 35)와 마찬가지로 퀸틸리아누스는 선한 사람이라는 고대 로마의 전통에 언변 능력이라는 고대 그리스의 수사학적 요소를 가미해 '도덕적으로 선하고 말솜씨가 뛰어난 사람(vir bonus dicendi peritus)'이라는 웅변가 교육의 이상을 제시하였다.

014

본성, 이성, 습관
플루타르코스: 아이들의 교육에 대하여
(Πλούταρχος: Περὶ παίδων ἀγωγῆς)

플루타르코스(Πλούταρχος)는 46년경에 태어나 120년에 죽은 그리스의 철학자이자 저술가이다. 「아이들의 교육에 대하여(Περὶ παίδων ἀγωγῆς)」는 위작 논란이 끊이지 않는 작품이다. 플루타르코스의 저작이 아니라는 주장에도 불구하고, 「아이들의 교육에 대하여」는 그의 『도덕집(Ἠθικά)』 1권, 첫 번째 글로 실려있다. 르네상스 시대에는 퀸틸리아누스의 『웅변가교육론』과 함께 고대의 가장 중요한 교육 논고로 재발견되었다.

¶. 우리는 지적인 우수성에 적용하는 원칙을 도덕적인 우수성에도 적용할 수 있다. 도덕적으로 완벽한 행동을 하기 위해서는 **본성, 이성, 습관**의 세 가지 도움을 동시에 받아야 한다. 이성은 배우는 행동을, 습관은 부단한 연습을 의미한다. 시작은 본성에서, 진보는 학습과 반복적인 연습에서, 그리고 완성은 앞의 세 요소 간의 결합으로부터 나온다. 이들 중 어느 하나라도 부족하면 도덕적인 우수성은 그만큼 해를 입는다. 학습이 없는 본성은 맹목적이고, 본성이 없는 학습은 불완전하며, 학습과 본성이 모두 없는 연습은 효과가 없다. **농사일**과 마찬가지로 우선은 땅이 좋아야 하고, 다음으로 농부의 기술이 좋아야 하며, 마지막으로 씨앗이 좋아야 한다. 본성은 땅에, 교사는 농부에, 그리고 조언이나 권고는 씨앗에 해당한다. 유명한 사람들은 그들의 영혼 속에서 이 세 가지 요소가 서로 완벽에 가깝게 조화를 이루었다. 그들은 **피타고라스, 소크라테스**, 플라톤과 같은 사람들로서 영원한 명예를 누리고 있다.[14]

• **註解**

2줄 **본성**(φύσιν), **이성**(λόγον), **습관**(ἔθος) 플루타르코스는 '본성 대 양육'이라는 고대의 교육 논쟁을 되풀이하면서 양자 간의 조화를 강조하였다.

8줄 **농사일** 동서고금을 막론하고 교육은 흔히 농사일에 비유된다. 플루타르코스는 교육을 솜씨 좋은 농부가 비옥한 땅에 좋은 씨앗을 심는 일로 간주하면서 교육의 성공을 위해서는 타고난 본성도 좋아야 하지만 그에 못지않게 용의주도한 교사의 좋은 가르침도 중요하다고 보았다.

12줄 **피타고라스**(Πυθαγόρας) 고대 그리스의 철학자이자 수학자이다. 만물의 근원이 수(數)에 있다고 주장하였다. 고대 그리스의 민주주의를 사회 질서를 파괴하는 것으로 여겼던 귀족주의 정치가이기도 하였다.

12줄 **소크라테스**(Σωκράτης) 고대 그리스의 철학자이다. 소크라테스의 삶과 사상은 플라톤의 대화집, 크세노폰의 회상기, 아리스토파네스(Ἀριστοφάνης)의 희극 작품 등을 통해 후대에 전해졌다.

015

교육의 중요성
플루타르코스: 스파르타 격언집
(Πλούταρχος: Ἀποφθέγματα Λακωνικά)

플루타르코스는 스파르타 사람들의 명문장을 모아 「스파르타 격언집(Ἀποφθέγματα Λακωνικά)」을 만들었다. 플루타르코스의 목적이 스파르타와 관련된 자료를 수집하는 데 있었으므로 「스파르타 격언집」은 사전 형태로 서술되었다. 플루타르코스는 스파르타 명사(名士)들의 이름을 알파벳 순서대로 배열하고 그들의 어록을 차례대로 소개하였다. 아래 인용문은 교육의 중요성을 강조한 리쿠르고스(Λυκοῦργος)의 두 마리 강아지 이야기로부터 발췌한 것이다.

¶. [스파르타] 시민들이 **지금의 생활방식**에서 벗어나 더욱 근실하고 절제된 삶을 살면서 훌륭하고 명예로운 사람들이 되기를 바랐던 **리쿠르고스**에게는 한 어미에서 태어난 두 마리의 강아지가 있었다. 한 마리는 집에서 먹고 자랐고, 다른 한 마리는 들판에서 사냥개로 자랐다. 나중에 리쿠르고스는 사람들이 운집한 광장에 그 두 마리 개를 데려와 한쪽에는 5
맛있는 음식을 내놓고, 다른 한쪽에는 산토끼를 풀어놓았다. 그러자 그놈들은 각자 자기에게 익숙한 방식대로 행동하였다. 그중에 한 마리가 산토끼를 잡는 모습을 보면서 리쿠르고스는 말하였다. "시민들이여, 이 두 마리의 개는 같은 혈통이지만 어떤 훈육을 받았느냐에 따라 서로 완전히 다르게 되었습니다. 이처럼 우수함은 천성보다 훈련의 결과입니다." 그러나 사람들은 리쿠르고스의 개들이 같은 품종이 아니었다고 말한다. 한 마리는 잡종의 새끼였고, 다른 한 마리는 사냥개의 새끼였다. 리쿠르고스는 열등한 종을 사냥개로 키웠고, 우월한 종은 집에서 잡종처럼 키웠다. 나중에 그들이 길러진 대로 행동하는 것을 보면서 리쿠르고스는 교육의 중요성을 다음과 같이 말하였다. "시민들이여, 대중들의 칭송을 받는 고귀한 태생이, 우리가 **헤라클레스**의 후손이라는 영광이 빛을 발하기 위해서는 그 이름에 어울리는 명예롭고 숭고한 행동이 뒤따라야 합니다. 이를 위해서는 평생 훌륭한 것을 연마하고 배우는 데 힘써야 하겠습니다."[15]

• 註解

1줄 **지금의 생활방식** 옛 스파르타 사람들의 유약한 생활 태도를 가리킨다. 리쿠르고스의 개혁을 거치면서 스파르타 사회는 오늘날 우리에게 익숙한 강직한 모습으로 탈바꿈하였다.

2-3줄 **리쿠르고스** 고대 스파르타의 법률제정자였다. 리쿠르고스의 두 마리 강아지 일화는 플루타르코스의 「아이들의 교육에 대하여」에도 실려 있다. 이 이야기는 르네상스 시대의 인문주의 교육자들도 자주 인용하였다. 일례로 에라스무스(D. Erasmus)는 그의 『아동교육론(De pueris instituendis)』에서 리쿠르고스의 일화를 언급하면서 '본성의 힘은 강하나, 교육의 힘은 더욱 강하다'라는 논의를 전개하였다.

16줄 **헤라클레스(Ἡρακλῆς)** 그리스 신화에 나오는 가장 위대한 영웅이다. 스파르타에서는 힘과 무력을 상징하는 헤라클레스를 그리스의 다른 도시국가들보다 특별히 더 숭상했던 것으로 보인다.

016

덕으로 가는 길
바실리우스: 아이들에게 고함
(Βασίλειος: Πρὸς τοὺς νέους)

바실리우스(Βασίλειος)는 329년경에 태어나 379년에 죽은 초기 교회의 신학자이다. 바실리우스는 카이사레아 지역의 주교였지만, 이교도 학문에도 정통한 인물이었다. 바실리우스는 노년에 이르러 그리스 문학의 유용성을 설파하는 논고 『아이들에게 고함(Πρὸς τοὺς νέους)』을 저술하였다. 바실리우스는 그리스 시인과 철학자들의 도덕적 가르침이 기독교의 종교적 가르침과 다르지 않다고 보았다.

¶. 우리는 유덕한 삶을 살아야 하므로 다른 누구보다도 덕을 칭송한 **시인들**, **역사가들**, **철학자들**의 말에 귀를 기울여야 한다. 어린 나이에 도덕적 습관을 형성하면 좋다. 어려서 받은 교육은 깊은 인상을 남긴다. 그때는 영혼이 나긋나긋해서 가르침의 흔적이 잘 지워지지 않는다. 아이의 마음을 덕으로 고양할 수 없거든, **헤시오도스**의 다음 경구를 명심하라. "덕을 향한 첫걸음은 거칠고 힘들다. 길은 험하고, 큰 노력과 수고가 뒤따른다." 그러므로 누구나 갈 수 없고, 출발한 모든 사람이 쉽게 정상에 도달하는 것도 아니다. 그러나 산 위에 오르면 길이 평평하고 아름다워 발걸음이 가볍고 즐겁다. 악으로 가는 길보다 훨씬 유쾌하다. 그러면서 그 시인은 악으로 가는 길이 사방에 널려 있음을 주지시킨다. 헤시오도스의 목적은 우리에게 덕을 권하고 용기를 불어넣어 우리가 덕을 향해 흔들림 없이 나아가도록 하는 것이었다. 만일 이런 방식으로 덕을 칭송하는 사람이 또 있다면, 우리는 그자의 말도 즐겁게 경청할 테다. 우리의

목적은 같기 때문이다.[16]

- **註解**

  1-2줄 **시인들, 역사가들, 철학자들** 고대 그리스의 도덕적인 시인들, 역사가들, 철학자들을 말한다. 초기 교회의 신학자들은 고대의 이교도 지식에 종교적 요소를 가미하였다. 고대인들의 지혜를 빌려와 자신들의 종교적 교리를 정당화하려는 시도였다. 특히 이교도 학문에 정통하였던 초기 교부(敎父) 철학자들이 그러하였다.

  5줄 **헤시오도스**(Ἡσίοδος) 헤시오도스는 호메로스(Ὅμηρος)와 동시대를 살았던 고대 그리스의 서사시인이다. 바실리우스의 자료는 헤시오도스의 『노동과 나날(Ἔργα καὶ Ἡμέραι)』 287-292.

017

처음이 중요하다
히에로니무스: 라에타에게 보내는 편지
(Hieronymus: Ad Laetam de institutione filiae)

히에로니무스(Hieronymus, Ἱερώνυμος)는 347년경에 태어나 420년에 죽은 초기 교회의 신학자이다. 히에로니무스는 성경을 라틴어로 번역한 사람으로 유명하다. 히에로니무스는 403년에 라에타(Laeta)에게 아이의 교육에 관한 편지를 보냈다. 라에타는 히에로니무스의 성서번역을 도왔던 성 파울라(St. Paula)의 며느리였고, 라에타에게는 시어머니와 이름이 같은 어린 딸이 있었다. 히에로니무스는 라에타에게 파울라를 교육하는 올바른 방법에 대해 충고하였다.

¶. 아이가 글자를 바르게 쓰고 읽으면, 또래 아이들이 좋아할 만한 조그만 선물을 주어 기분을 북돋아 주어라. 수업을 받을 때는 아이의 경쟁심을 유발할 동료들이 있어야 한다. 아이는 동료들이 칭찬받는 것을 보면서 자극을 받아야 한다. 학습 속도가 느리다고 아이를 꾸짖기보다는 칭찬을 통해 아이의 마음을 격려하라. 그래야만 아이는 동료들보다 앞섰을 때 좋아하고, 그들보다 뒤처졌을 때 분발한다. 무엇보다도 아이가 수업을 싫어하지 않도록 조심하라. 아동기에 형성된 공부에 대한 혐오감은 나이가 들어서도 쉽게 사라지지 않는다. 아이는 아무 말이나 함부로 입 밖에 내서는 안 된다. 아이의 어휘 선정과 조직에 주의를 기울여라. 한 예로, 아이는 **위대한 성인들**의 이름을 한 명씩 또박또박 말하면서 두 가지 일을 동시에 이룬다. 조만간 그들의 이름도 기억해야 할 테니까. 교사와 관련해서는 연륜과 학식을 겸비한 사람을 선택하라. 아리스토텔레스가 **신분상의 불이익**에도 불구하고 **필리포스의 아들**을 가르쳤던 것처럼,

올곧은 사람이라면 일가친척이나 귀족의 딸을 가르치는 일을 부끄러워하
지 않는다. 작은 일도 큰일에 보탬이 된다면 경시하지 마라. 심지어 글자
를 발음할 때조차 교육받은 사람과 그렇지 않은 사람은 완전히 다르다.
그러므로 아이가 유모의 어리석은 말재간에 현혹되어 말을 톡톡 끊거나
온갖 미사여구만 사용하는 일을 경계하라. 그런 잘못된 습관은 아이의
말과 품성을 모두 훼손한다. 아이는 나중에 다시 바로잡아야 할 것을 어
려서 배우지 않도록 조심해야 한다.[17]

- 註解

10줄 위대한 성인들 초기 기독교의 예언자, 사도, 주교 등을 망라한다.

13줄 신분상의 불이익 교사의 신분으로, 아이의 시중이나 드는 비천한 일을 한다는 의미이다. 서양 고대 사회에서 교사의 사회적 지위가 낮았음을 암시한다.

13줄 필리포스(Φίλιππος)의 아들 아리스토텔레스는 마케도니아의 왕 필리포스 2세의 부탁을 받고 그의 아들 알렉산드로스(Ἀλέξανδρος)의 가정교사가 되었다. 아리스토텔레스의 가르침을 받아서였는지, 훗날 알렉산드로스는 '내가 왕이 아니었다면 철학자가 되었을 것'이라고 말하였다.

018

눈높이 교육이란?
제르송: 아이들을 그리스도에게 이끄는 논고
(Gerson: Tractatus de parvulis ad christum trahendis)

제르송(Jean de Gerson)은 1363년에 태어나 1429년에 죽은 프랑스의 신학자이자 교육자이다. 제르송은 1400년을 전후로 파리 대학의 총장을 지냈고, 퇴임 후에는 리용에서 아이들을 가르쳤다. 제르송은 1406년에 어린이들을 위한 교리서『아이들을 그리스도에게 이끄는 논고(Tractatus de parvulis ad christum trahendis)』를 저술하였다. 이 교리서에서 제르송은 아이들이 이해할 수 있는 말과 방식으로 가르치라고 주장하였다.

¶. 나의 방식과 학생들의 방식 사이에 커다란 차이가 있다는 사람들의 말은 옳다. 그런데도 내가 학생들에게 도움을 주고 싶다면, 나의 습성을 그들의 습성에 맞추고, 나를 낮추어 그들을 내 수준으로 끌어올려야 한다. **오비디우스**의 말처럼 "사랑과 위엄은 서로 어울리지 않고, 한 곳에 같이 있지도 못한다." 그러나 사랑이 없는 곳에서는 아이들이 교사의 말을 듣지도 믿지도 않고, 그의 가르침을 따르지도 않을 테니, 좋은 교육도 불가능하지 않은가! 그러므로 아이들과 함께 있을 때는 위엄 따위는 내려놓고 가급적 아이처럼 지내는 것이 좋다. 물론 모든 죄악은 피하고 **불결한 사랑**은 처음부터 멀리해야 한다. **세네카**의 말처럼 **인간의 본성은 완고한** 구석이 있다. 우리는 강제로 끌려다니기보다 친절하게 안내받기를 좋아한다. 하물며 짐승들도 그러하건만, 사람의 마음은 위협적인 충고가 아닌 달콤한 칭찬으로 움직인다. 아무리 수줍은 아이들도 그들이 미워하거나 무서워하지 않는 사람 앞에서는 자기 잘못을 감추지 않는다.

그 사람이 인자하고, 믿을만하며, 우호적이라는 확신이 있다면 더욱 그
러하다. 그렇다면, 가르치는 사람은 웃고 있는 아이들에게 미소로 화답
하고, 놀고 있는 아이들의 기분을 북돋우며, 공부를 잘한 아이들에게 칭
찬을 아끼지 말아야 한다. 그리고 아이들에게 되도록 쓰리거나 모욕적인
말을 하지 않음으로써 교사가 아이들을 싫어하지 않고 형제들처럼 사랑
하고 있다는 인상을 주어야 한다.[18]

- 註解

  4줄 **오비디우스(Ovidius)** 오비디우스는 고대 로마의 시인이다. 제르송의 자료는 오비디우스의 『변신이야기(Metamorphoses)』 2, 846-847.

  9줄 **불결한 사랑(impudicitia)** 이를테면 사제(師弟)간의 사랑이다. 아벨라르(Abélard)와 엘로이즈(Héloïse)의 연애담이 유명하다. 제르송보다 몇 세기 전에 파리 대학을 무대로 당대 최고의 학자였던 아벨라르와 그의 제자였던 엘로이즈가 들려주는 비극적인 사랑의 이야기다.

  9줄 **세네카** 고대 로마의 수사학자 노(老) 세네카를 말한다. 앞서 살펴본 철학자 세네카의 아버지다.

  9-10줄 **인간의 본성은 완고한(hominem natura contumacem)** 제르송의 자료는 노(老) 세네카의 『변론서(Controversiae)』 ex. 4, pr. 4.

019

부모의 세 가지 의무
베르게리오: 도덕적 품성에 대하여
(Vergerio: De ingenuis moribus)

베르게리오(Pier Paolo Vergerio)는 1370년에 태어나 1444년에 죽은 이탈리아의 인문주의 교육자이다. 베르게리오는 1404년경에 파도바 영주의 아들 우베르티노(Ubertino da Carrara)에게 보내는 편지글『도덕적 품성에 대하여(De ingenuis moribus)』를 저술하였다. 이 글에서 베르게리오는 고귀한 집안에서 태어난 아이는 어려서부터 좋은 교육을 받으면서 도덕적 품성을 길러야 한다고 주장하였다.『도덕적 품성에 대하여』는 인문주의 교육과정을 체계적으로 소개한 최초의 저작이다.

¶. 당신의 할아버지인 **프란체스코 1세**는 뛰어난 업적뿐만 아니라 우리가 기억할만한 좋은 경구도 많이 남겼다. 그는 부모가 아이들에게 세 가지 의무를 지닌다고 말하였다. 첫 번째로, 부모는 아이들이 부끄러워하지 않을 이름을 지어주어야 한다. 종종 새로움을 쫓는 경박함이나 가족의 이름을 영속시키려는 바람에서 아버지는 아들의 이름을 지으면서 평생의 오점을 남긴다. 두 번째로, 부모는 아이를 **훌륭한 도시**[국가]에서 키워야 한다. 도시의 역량은 아이 앞날의 부와 영광뿐만 아니라 아버지의 세 번째 의무와도 관련된다. 한번은 세리포스 사람이 **테미스토클레스**에게, 당신이 개인적으로 출중해서가 아니라 아테네 출신이기 때문에 유명해진 것이라고 말하자, 테미스토클레스는 "내가 세리포스 사람이었다면 물론 유명하지 않았겠지만, 당신은 아테네에서 태어났어도 그러하지 못하였을 것"이라고 응수하였다. 세 번째로, 부모는 아이를 잘 교육해야 한다. 이 모든 것이 그 시대 가장 지혜로웠던 사람의 훌륭한 충고이지

만, 그중 마지막 것이 특히 가치 있다. 막대한 재산도, 미래를 위한 보호
15 도 좋은 교육에는 비할 바가 못 된다. 학식을 통해 아이들은 보잘것없는
이름을 세상에 알리고, 자신이 태어난 미천한 도시의 명예를 드높인다.
사실, 아이들은 부모가 지어준 이름이 싫으면 그것을 바꿀 수 있고, 그가
태어난 도시의 평판이 나쁘면 그곳을 떠날 수 있다. 그러나 어렸을 때 잘
못된 교육을 받으면 나중에 그것을 고칠 방법이 없다. 삶의 토대는 유년
20 기에 다져야 한다. 아직 어리고 감수성이 좋을 때 아이의 마음을 덕으로
이끌어라. 아이는 어린 시절의 인상을 평생 간직한다.[19]

• 註解

1줄 **프란체스코 1세(Francesco I)** 1350년부터 1388년까지 이탈리아 파도바의 영주였다. 프란체스코 1세는 학문과 예술의 애호가로서 파도바 대학을 후원하였고 페트라르카(Francesco Petrarca)와 같은 인문주의자와 교우하였다.

6줄 **훌륭한 도시** 당시 이탈리아가 도시국가 체제였음을 이해해야 한다. 오늘날의 관점에서 보면 아이를 훌륭한 국가에서 키워야 한다는 말이다.

8-9줄 **테미스토클레스(Θεμιστοκλῆς)** 페르시아와의 전쟁을 승리로 이끌었던 고대 아테네의 명장이다. 세리포스 사람과의 논쟁 자료는 키케로의 『노년에 대하여(De Senectute)』 3.

020

여성교육
브루니: 고전공부론
(Bruni: De studiis et litteris)

브루니(Leonardo Bruni)는 1370년경에 태어나 1444년에 죽은 이탈리아의 인문주의 교육자이다. 브루니는 1424년에 우르비노(Urbino) 공작의 딸 바티스타(Battista Malatesta)에게 보내는 편지글『고전공부론(De studiis et litteris)』을 저술하였다. 이 글에서 브루니는 여성들이 읽기에 적합한 고대의 저작들을 차례대로 소개하였다.『고전공부론』은 여성에게 헌정된 가장 초기의 인문주의 교육 저작이다.

¶. 나는 고대의 유명한 사례를 들어 당신을 설득할 테다. 스키피오의 딸인 **코르넬리아**의 편지들은 수 세기 동안 글쓰기의 전형으로 남았고, 여류시인 **사포**의 서정시는 사람들의 큰 사랑을 받았으며, **아스파시아**의 학식과 말솜씨는 소크라테스에 버금가는 것이었다. 이러한 명예로운 이름들을 기억하라. 당신처럼 지적인 사람은 최고가 아니면 만족하지 않을 테니까. 당신은 분명 그보다 더 높은 명성을 얻을 것이다. 그들이 살았던 시대에는 학문이 보편적인 것이어서 여성의 학식이 특별하지 않았지만, 우리는 학식 있는 남성이 경이로운 존재가 되고, 세상에서 **교육받은 여성**이 자취를 감춘 시대를 살고 있다. 내가 말하는 진정한 배움은 신학자들의 저속하고 진부한 말장난을 익히는 것이 아니라, 실재(實在)에 대한 지식을 제(諸)학문과 결합해 잘 표현하는 것이다. 참된 배움을 실천한 사람들로는 **락탄티우스**, **아우구스티누스**, 히에로니무스 등이 있다. 그들은 위대한 신학자이자 뛰어난 학자였다. 하지만 오늘날 그들의 계승자들은 어떠한가? 그자들의 학문에의 무지를 어떻게 닦아낼 수 있겠는가![20]

• 註解

2줄 **코르넬리아(Cornelia)** 로마의 명장 스키피오(Scipio Africanus)의 딸이자 그라쿠스(Gracchus) 형제의 어머니다. 코르넬리아는 유덕한 로마 여성의 표본이었다. 코르넬리아가 가이우스 그라쿠스(Gaius Gracchus)에게 보냈던 편지 일부가 현존한다.

3줄 **사포(Σαπφώ)** 고대 그리스의 여류시인이다. 기원전 7세기 에게해(海) 레스보스섬에서 귀족의 딸로 태어났다. 개인적인 아름다움을 노래한 서정시를 남겼다. 열 번째 뮤즈로 손꼽힌다.

3줄 **아스파시아(Ἀσπασία)** 소아시아의 밀레토스 출신이다. 일찍이 아테네 사교계에 진출하여 유력 정치가인 페리클레스(Περικλῆς)의 정부(情婦)가 되었다. 학식과 미모를 겸비하였던 매력적인 여성으로서 아테네 대중들의 관심을 한 몸에 받았다.

8-9줄 **교육받은 여성** 중세의 어두운 터널 끝자락에서 브루니와 같은 인문주의자는 여성교육에 대한 관심을 촉구하였다. 르네상스 시대에 이르러 고대의 박식한 여성상도 부활하였음을 암시한다.

12줄 **락탄티우스(Lactantius)** 초기 기독교의 신학자이자 저술가이다. 로마 제국의 여러 도시에서 수사학을 가르치면서 그리스의 이교도 철학의 논리에 맞서 기독교 교리를 설파하였다.

12줄 **아우구스티누스(Augustinus)** 초기 기독교 교회를 대표하는 교부 철학자이다. 원래 이교도였으나 나중에 기독교로 개종하였다. 아우구스티누스의 『고백록(Confessiones)』에는 종교적 가르침 말고도 고대 말기의 교육적 사회상이 담겨있다.

021

책과 함께하는 삶
구아리노: 고전강독법
(Guarino: De ordine docendi et studendi)

구아리노(Battista Guarino)는 1434년에 태어나 1513년에 죽은 이탈리아의 인문주의 교육자이다. 구아리노는 1459년경에 아버지 구아리노 다 베로나(Guarino da Verona)의 권유로 『고전강독법(De ordine docendi et studendi)』을 저술하였다. 이 논고에서 구아리노는 고대 그리스와 로마의 저작들을 읽는 순서와 방법에 관해 말하였다. 구아리노에게 좋은 삶이란 늘 책을 가까이하는 삶이었다.

¶ 1. 학문으로 여가를 장식하라. **키케로**에 따르면, '학문은 젊은 사람에게는 영감을 불러일으키고, 나이 든 사람에게는 기쁨을 주고, 행복한 사람에게는 장식이 되고, 고난에 처한 사람에게는 위로가 된다.' 공부의 즐거움은 때와 장소를 가리지 않는다. 눈을 부릅뜨고 일할 때도 한가로이 잠을 청할 때도 학문을 늘 가까이하라. 마음의 휴식을 원하는가? 쓸모가 있으면서도 즐거운 오락거리를 찾고 있는가? 다른 사람들이 주사위 놀음과 공놀이에 여념이 없고 연극이나 보면서 소일할 때, 당신은 지식을 습득하면서 기분을 전환하라. 당신이 보고 들은 모든 지식을 기꺼이 칭송하고 기억할 테니까. 좋은 책은 불쾌감을 주지 않고 성난 감정도 불러일으키지 않는다. 기분을 북돋우면서도 공허한 희망이나 헛된 두려움은 일으키지 않는다. 당신은 책을 통해서만 고금(古今)의 위인들과 교우할 수 있다. 책과 함께하는 인생은 **소(小) 플리니우스**의 표현대로 진정한 왕다운 삶이다. 그 무엇보다도 행복하고 편안한, 여유로운 삶이다. **아틸리우스**가

자주 말하였던 것처럼, 한가한 시간은 책을 읽으면서 보내는 것이 가장
좋다. 이런 이유로 **노(老) 플리니우스**는 공부하는 시간만이 참된 것이라
고 생각하고, 조카 녀석이 산책하면서 한가로이 시간을 보내는 것을 점
잖게 나무랐다. 그는 촌각을 다투면서 공부에 매진했던 사람이었기 때문
이다.[21]

• 註解

1줄 **키케로** 구아리노의 자료는 키케로의 『아르키아스 변론(Pro Archia Poeta)』 16.

12줄 **소(少) 플리니우스(Plinius)** 로마 제정기의 법률가이자 정치인이다. 소 플리니우스는 로마에서 퀸틸리아누스에게 수사학을 배웠고, 제정기 로마의 사회상을 엿볼 수 있는 『서간집(Epistulae)』을 후대에 남겼다. 구아리노의 자료는 소 플리니우스의 『서간집』 1, 9.

13줄 **아틸리우스(Atilius Crescens)** 소 플리니우스의 어린 시절 친구로서 『서간집』에 두 차례(1, 9; 6, 8) 등장한다. 여가, 공부, 즐거움 등을 강조하기 위해 구아리노가 의역해 인용한 것으로 보인다.

15줄 **노(老) 플리니우스(Plinius)** 소 플리니우스의 외숙부다. 식물학자로서 『자연사(Naturalis historia)』를 저술하였다. 노 플리니우스는 부지런하고 지식욕이 넘쳤던 박학다식한 인물이었다. 소 플리니우스와 함께 베수비우스의 화산 폭발을 목격한 것으로도 유명하다. 노 플리니우스가 산책하는 조카를 혼냈다는 구절은 소 플리니우스의 『서간집』 3, 5.

022

마음의 도야
실비우스: 아이들의 교육에 대하여
(Sylvius: De liberorum educatione)

실비우스(Aeneas Sylvius)는 1405년에 태어나 1464년에 죽은 이탈리아의 인문주의자로서 나중에 교황 피우스 2세(Pius II. Papa)로 등극하는 인물이다. 실비우스는 1450년에 『아이들의 교육에 대하여(De liberorum educatione)』를 저술하였다. 이 글은 보헤미아의 소년왕 라디슬라스(Ladislaus Postumus)에게 헌정한 것이다. 『아이들의 교육에 대하여』에서 실비우스는 라디슬라스를 훌륭한 왕으로 키우기 위한 군주교육론을 전개하였다. 실비우스는 라디슬라스가 도덕적 품성과 철학적 지혜를 겸비한 이상적인 군주가 되기를 바랐다.

¶. 이제 세상에서 가장 소중한 인간의 마음에 대해 살펴보자. 우리가 인생을 살면서 그토록 칭송하는 다른 것들은 생각만큼 중요하지 않다. 우수한 혈통은 마음대로 타고나지 못한다. 값진 재산은 운에 좌우된다. 명성은 한결같지 않다. 아름다움은 영원하지 못하다. 건강에는 변수가 많다. 체력은 병이 들고 나이를 먹으면 약해진다. 이성적인 마음보다 좋은 것은 없다. 그것은 운명의 여신도 훔쳐갈 수 없고, 세간의 비방에도 꿈쩍하지 않는다. 다른 모든 것은 시간이 지나면 가치가 떨어지지만, 지식과 이성은 나이가 들수록 빛을 발한다. 전쟁으로 모든 것을 빼앗겨도 우리의 학식만은 그대로다. 일찍이 데메트리오스가 메가라를 공격한 뒤에 그곳의 철학자 스틸폰에게 전쟁 통에 잃어버린 것이 없냐고 물었는데, **스틸폰**은 "아무것도 없소. 전쟁이 사람의 인품까지 약탈할 수는 없지 않겠소"라고 말하였다. 마찬가지로 **고르기아스**가 소크라테스에게 페르시아 왕이 행복한 사람인지 묻자, 소크라테스는 "그자의 인격과 지혜로움을

알기 전까지 행복하다고 말할 수 없습니다"라고 대답하였다. 여기에 진
리가 있다. **라디슬라스**여, 당신의 덕과 지식이 당신 소유의 재산과 영토
를 능가하기 전까지, 자신을 행복하다고 말하지 마라. 지상의 왕국과 재
화는 그 누구의 것도 아닐 테니까. 마치 주사위 놀이를 하듯, 오늘은 이
사람한테, 내일은 저 사람한테 건네질 뿐이다. 인간사 확실한 것은 마음
의 덕뿐이다. **솔론**의 가르침대로 "정신이 올바른 사람은 우수한 영혼[덕]
을 금은보화와 바꾸지 않는다." 그러므로 돈에만 정신이 팔려 덕을 잃지
마라. 덕이 없는 자는, 왕은커녕 일개 촌부도 될 수 없다.[22]

• 註解

10-11줄 스틸폰(Στίλπων) 스틸폰은 고대 그리스의 철학자이다. 인간의 행복은 정념에서 자유로운 마음에 있다는 가르침을 전하였다. 스토아철학의 창시자인 제논(Ζήνων)의 스승이기도 하였다. 위의 인용문에 나오는 스틸폰의 말은 데메트리오스(Δημήτριος)와 스틸폰의 일화에 기원한다. 전쟁으로 가족과 재산을 모두 잃어버린 처지였지만, 스틸폰은 전쟁이 자신의 인품까지 빼앗지는 못하였다고 데메트리오스에게 의연히 말하였다. 이 이야기는 몽테뉴(M. de Montaigne)의 『에세(Essais)』 1, 39. 「고독에 대하여(De la Solitude)」에도 등장한다.

12줄 고르기아스(Γοργίας) 프로타고라스(Πρωταγόρας)와 함께 1세대 소피스트를 대표하는 인물이다. 뛰어난 웅변술 덕에 아테네에서 수사학 교사로 성공할 수 있었고, 그의 학생 중에는 이소크라테스도 있었다고 전한다. 실비우스가 인용한 소크라테스의 말은 플라톤의 대화편, 『고르기아스』 470e. 부와 권력을 행복의 기준으로 삼는

다면 광활한 땅을 지배하는 페르시아 왕만큼 행복한 사람도 없겠지만, 소크라테스는 잘 교육받은 지혜롭고 정의로운 사람이야말로 가장 행복하다고 주장하였다.

15줄 **라디슬라스** 르네상스기에 접어들면서 군주교육을 주제로 하는 다수의 논고가 등장하였다. 인문주의자들은 한편으로는 재정적 후원을 목적으로, 다른 한편으로는 자신들의 이상을 실현하고픈 마음에서 군주교육론을 저술하여 유럽 각지의 통치자들에게 헌정하였다. 실비우스의 논고 역시 이러한 장르에 속하였다.

19줄 **솔론(Σόλων)** 고대 아테네의 법률제정자였다. 그리스의 일곱 현인 가운에 한 사람이었다. 솔론의 경구는 플루타르코스의 『영웅전(Βίοι Παράλληλοι)』, 「솔론」 3, 2.

023

유년기 학습의 중요성
에라스무스: 아동교육론
(Erasmus: De pueris instituendis)

에라스무스(Desiderius Erasmus)는 1466년에 태어나 1536년에 죽은 네덜란드의 인문주의자이다. 에라스무스는 1529년에 『아동교육론(De pueris instituendis)』을 출판하였다. 이 논고에서 에라스무스는 고대의 교육 저술가들이 아이들의 교육에 대해 권고한 내용을 기독교적 인문주의에 따라 재구성하였다. 에라스무스는 당대의 교육 관습을 비판하면서 아이들을 되도록 일찍 자유교육으로 입문시킬 것을 주장하였다.

¶. 이제 **당신**의 실천적 지혜에 호소하면서 글을 마치련다. 우선, 당신의 아들이 얼마나 소중한지, 다방면에 걸친 정확한 지식의 추구가 얼마나 명예로운지, 아이의 마음이 가르친 것을 받아들이는 데 얼마나 민첩한지 생각하라. 다음으로, 지혜로운 교사가 아이의 본성에 적합한 것을 놀이의 형태로 가르칠 때 학습이 얼마나 효과적인지 생각하라. 또한, 유년기에 쉽게 배워 오래 기억할 수 있는 것도 나중에는 얼마나 힘들게 배워 쉽게 잊어버리는지 생각하라. 끝으로, 시간이 얼마나 소중한지 생각하라. 한 번 지나간 시간은 다시 오지 않는다. 무엇이든 일찍 시작하고 적당할 때 행하라. 꾸준히 행하는 것도 중요하다. **헤시오도스**의 경구대로 티끌 모아 태산이다. 정말이지 시간은 빨리 흘러가고, 젊음은 항상 바쁘며, 노년에는 학습이 불가함을 명심하라. 이 모든 것을 생각하면 당신은 갓 태어난 아들이 지식을 처음 습득하는 유년기에 **칠년(七年)**은 말할 것도 없고 단 삼일도 허송세월하는 것을 참지 못할 테다.[23]

• 註解

1줄 **당신** 클레베(Kleve)의 빌헬름 공이다(infra. 87). 그러나 빌헬름은 『아동교육론』의 소설적 상황과는 아무런 관련이 없다. 『아동교육론』에서 에라스무스의 목적은 수사학의 원칙을 문학적 형태로 시연하는 데 있었다. 이를 위해 에라스무스는 클레베 공에게 헌정하는 가상의 교육 논고를 구상하였다. 흥미로운 점은 원래 수사학적 관심에서 저술된 『아동교육론』이 오늘날에는 르네상스 시대를 대표하는 교육 논고로 손꼽힌다는 것이다.

9줄 **헤시오도스** 에라스무스의 자료는 헤시오도스의 『노동과 나날』, 361-362.

12줄 **칠년(七年)** 에라스무스는 아이들의 교육을 일곱 살이 될 때까지 미루는 그 시대의 관습을 비판하면서 아이들의 교육을 가능한 한 일찍 시작하라고 충고하였다.

024

지식의 두 종류
에라스무스: 교육방법론
(Erasmus: De ratione studii)

에라스무스는 1511년에 세인트 폴스 스쿨(St. Paul's School)의 설립자인 콜레트(John Colet)와 서신교환을 하였다. 교육 문제에 다시 관심이 생긴 에라스무스는 파리에서 가정교사를 하던 시절에 썼던 편지들(1496-1498)을 정리하여 1511년경에 『교육방법론(De ratione studii)』을 저술하였다. 이 논고에서 에라스무스는 퀸틸리아누스의 권위에 의존하면서 고전을 공부하는 올바른 방법에 대해 말하였다.

¶ 1. 지식에는 두 종류가 있다. 하나는 사물에 대한 지식이고, 다른 하나는 **말에 대한 지식**이다. 세상에는 언어는 경시한 채 사물에 대한 지식만 얻으려고 서두르는 사람들이 있다. **속담에도 나오듯**, 이들은 어설프게 절약을 하려다 큰 손해를 입는 사람들이다. 사물에 대한 학습은 우리가 그 사물에 부여하는 말소리를 통해서만 가능하므로 언어에 능통하지 않은 사람은 사물에 대한 판단력이 근시안적이고, 부정확하고, 불안정할 수밖에 없다. 언어는 거들떠보지도 않고 내용에만 주의를 기울인다고 큰 소리치는 사람치고 자질구레한 문장 용법을 두고 옥신각신하지 않는 이가 없다. 말과 사물을 동시에 배우고, 그것도 가장 뛰어난 교사로부터 배운 사람만이 두 지식 모두에서 탁월함을 보인다. 힘들게 배운 것이 잘못 배운 것이어서 처음부터 다시 배워야 한다면 참으로 애석한 일 아닌가? 올바르고 참된 것만큼 쉽게 배울 수 있는 것도 없다. 그러나 일단 나쁜 습성이 몸에 배면, 그것을 떨쳐내기란 여간 어렵지 않다.[24]

• 註解

2줄 **말에 대한 지식** 에라스무스의 주장대로 언어를 경시해서는 안 되지만, 키케로주의(Ciceronianism)로 불리는 언어형식주의(infra, 79)가 르네상스 정신의 쇠퇴를 촉진하였음은 주지의 사실이다. 역사적으로, 내용을 중시할 것인가, 아니면 내용을 표현하는 형식을 중시할 것인가의 문제는 보편자의 존재를 인정하였던 실재론(實在論)과 보편자는 언어 속에서만 존재한다는 유명론(唯名論)의 논쟁까지 거슬러 올라간다.

3줄 **속담에도 나오듯** 에라스무스의 『격언집(Adagia)』 1, 9: 54. 에라스무스가 본문에서 인용한 그리스어를 직역하면 "발도 씻지 않고 (ἄνιπτοις πόδιμ)"이다. 다급하거나 미숙한 행동을 나타내는 경구적 표현이다. 에라스무스는 이 표현의 유래를 신성한 제례에 사용할 물건들을 씻고 정화하는 종교적 의식에서 찾는다.

025

중용의 자세
에라스무스: 기독교군주교육론
(Erasmus: Institutio principis christiani)

에라스무스는 1516년에 『기독교군주교육론(Institutio principis christiani)』을 출판하였다. 『기독교군주교육론』은 나중에 신성로마제국의 황제(Karl V)로 등극하는 스페인의 왕자 카를로스(Carlos)에게 헌정된 것이다. 이 책은 르네상스 시대의 군주지침서이다. 에라스무스는 훌륭한 기독교 군주를 길러내는 방법으로 유년기의 자유교육을 강조하였다. 특히 어렸을 때부터 좋은 교사의 가르침을 받으며 자라나는 일이 중요하였다.

¶. **왕자를 교육하는 일**은 진실하고, 깨끗하고, 기품 있는 사람들에게 맡겨야 한다. 그들은 쓸모없는 말보다 오랜 실천적 경험으로 단련된 사람들이다. 그들의 연륜은 존경심을, 흠잡을 데 없는 인생은 자발적 복종을, 정중하면서도 유쾌한 태도는 사랑과 선의를 낳는다. 따라서 아이의 부드러운 마음이 교사들의 거친 품성으로부터 해를 입어 처음부터 덕을 혐오하는 일은 벌어지지 않는다. 그리고 교사의 지나친 방임적 태도에 의해 아이의 마음이 퇴보하는 일도 없다. 모든 교육이 그러하지만, 특히 왕자를 교육할 때는 중용적 태도가 중요하다. 왕자의 교육을 책임진 교사는 젊음의 경박함을 통제해야 하지만, 그 엄격함을 우호적으로 조절할 수 있어야 한다. **세네카**의 논의대로 왕자를 가르치는 사람은 혼낼 때 모멸감을 주지 말고, 칭찬은 아부가 되지 않도록 조심해야 한다. 그래서 왕자가 교사의 올곧은 삶을 존경하는 동시에 그의 점잖은 품행을 좋아해야 한다.[25]

• 註解

1줄 **왕자를 교육하는 일** 에라스무스의 논고가 군주교육론의 전통을 따르고 있음을 말해준다. 이미 고대로부터 '뛰어난 자'의 덕을 칭송하는 파네기릭(πανήγυρις)이라는 문학 장르가 있었다. 여기에 교육적 관심이 더해져 군주교육론이 등장하였다. 앞서 살펴본 크세노폰의 『키루스의 교육』과 실비우스의 『아이들의 교육에 대하여』가 모두 여기에 해당한다.

10줄 **세네카** 세네카는 그의 『도덕서간집』 쉰두 번째 글에서 교사 선정의 문제를 다루었다(supra, 39). 세네카가 네로(Nero)의 가정교사였음을 기억하라. 에라스무스는 왕자를 교육하면서 세네카의 충고대로 중용(moderatio)의 덕을 지킬 것을 권고하였다. 교사의 중용적 태도는 세네카의 『화에 대하여』를 참고하라(supra, 37).

026

학교 설립의 필요성
루터: 시장과 시의원에게 보내는 편지
(Luther: An die Ratsherren aller Städte Deutschlands)

루터(Martin Luther)는 1483년에 태어나 1546년에 죽은 독일의 신학자이다. 루터는 『시장과 시의원에게 보내는 편지(An die Ratsherren aller Städte Deutschlands)』를 1523년 말에 써서 이듬해 초에 발행하였다. 이 편지에서 루터는 독일의 모든 도시에 공립학교를 세워 잘 교육받은 남녀 시민을 길러내는 일이 교회와 국가 모두에 이로운 일임을 강조하였다. 루터의 호소는 헛되지 않았는데 때마침 독일 전역에서 학교 설립 운동이 광범위하게 일어났기 때문이다.

¶. 영혼과 같은 것이 존재하지 않더라도, 또 인간에게 성서의 언어를 가르치는 학교가 필요하지 않더라도, 여전히 **남녀 아이들**이 모두 다닐 수 있는 좋은 학교를 곳곳에 설립하는 일은 중요하다. 이 일은 그 자체로 정당화된다. 이른바 공공의 질서와 가정의 평안을 위해 사회에는 잘 교육받은 남녀 시민들이 있어야 한다. 지금의 어린 소년·소녀들이 장차 그러한 사람들로 성장할 것이다. 그러므로 남녀 아이들을 잘 가르치고, 잘 기르는 일은 꼭 필요하다. 앞에서도 말하였듯이, 학교를 세우고 아이들을 교육하는 일은 보통 사람들이 감당할 수 없다. 그 일은 높은 자리에 있는 고귀한 양반들의 몫이다. 그러나 불행히도 우리의 고관대작들은 어리석은 쾌락과 음주·가무에서 벗어나지 못하고 있다. 그들은 술 창고와 부엌과 침실을 오가면서 하루를 헛되이 보낼 뿐이다. 물론 그들 중에도 아이의 교육에 관심이 있는 사람들이 있을 테지만, 이러한 경우에도 그들은 바보나 이단자라는 소리를 듣기 싫어서 나머지 사람들의 눈치를 본

다. 그러므로 고매하신 **시의원들**이여, 이 일은 당신들의 손에 달려 있다. 당신들에게는 고관대작들보다 더 많은 시간과 기회가 있기 때문이다.[26]

- 註解

  [2줄] **남녀 아이들** 루터는 성서를 통한 구원을 주장하였다. 이른바 성서지상주의다. 루터의 종교개혁은 그 성패가 일반 대중들의 문해(文解) 능력에 달려 있었고, 이러한 이유에서 루터는 인류의 절반에 해당하는 여성들의 교육에도 주목하였다.

  [14줄] **시의원들** 학교 설립과 운영의 주체가 국가(정부)에 있다는 취지의 주장이다. 루터의 호소는 1642년 독일 고타(Gotha) 공국의 학교규정(Schulmethadus)(1642)으로 실현되었다.

027

학교교육의 의무화
루터: 아이들을 학교에 보내는 의무에 대하여
(Luther: Eine Predigt, dass man Kinder zur Schule halten soll)

루터는 1529년에 『아이들을 학교에 보내는 의무에 대하여(Eine Predigt, dass man Kinder zur Schule halten soll)』를 써서 이듬해 출판하였다. 이 글은 원래 루터가 성직자들에게 보내는 목회 편지였다. 루터는 성직자들에게 아이들을 기독교 방식으로 양육하고 교육하는 일이 중요함을 설파하였다. 그 과정에서 동시대 부모들의 자녀교육에 대한 무관심을 비판하고, 아이들의 교육에 대한 국가의 책임을 강조하였다.

¶. 국가는 시민들에게 그들의 자녀를 학교에 보내도록 강제할 의무가 있다. 특히 장래가 촉망되는 아이들의 경우가 그러하다. 국가를 다스리는 사람들은 성직뿐만 아니라 다른 많은 세속적인 직업들도 필요하다고 말한다. 세상에는 전도사, 판사, 목사, 서기, 의사, 학교교사와 같은 사람들이 있어야 한다. 정부는 전쟁이 발발하면 시민들을 징집해 그들의 손에 총과 칼을 쥐여주고, 성벽을 쌓도록 하고, 그 밖의 다른 군사적인 의무를 수행하도록 한다. 이러한 정부가 부모들에게 **자녀교육**을 강제할 수 있는 권리를 갖는 것은 당연하다. 지금 우리는 사탄과 싸우고 있다. 사탄은 우리 도시들과 국가들의 힘을 몰래 고갈시키고, 핵심 알맹이는 모두 파괴한 채 무식하고 힘없는 사람들로 이루어진 외피만 남겨 기만과 유희를 획책한다. 그렇게 하면 한 도시나 국가를 싸움 없이도 쉽게 무너뜨릴 수 있다. **투르크** 사람들은 우리처럼 행동하지 않는다. 국가에서 각 가정의 세 번째 아이를 데려다가 아이가 원하는 교육을 시킨다. 우리의 통치

자들도 아이들을 부모로부터 격리하지는 않더라도 그들을 빠짐없이 학교에 보내 자기 자신과 국가를 위해 교육을 받도록 해야 한다. 특히 장래가 촉망되는 아이는 어떻게든 찾아 학교로 보내야 한다. 만일 아이의 아버지가 가난하다면, 교회의 도움을 받아야 한다. 부자들은 그러한 목적에 기꺼이 재산을 내놓아야 한다. 이미 몇몇 부호들이 장학재단을 설립해서 교회에 돈을 기부하고 있다.[27]

15

- **註解**

7줄 **자녀교육** 루터는 자녀교육의 책임을 일차적으로 부모에게 두었으나, 부모가 아이를 학교에 보낼 수 없는 경우에는 정부가 그 역할을 대신해야 한다고 보았다. 비록 종교적 목적을 염두에 두고 있었지만, 루터는 빈부나 성별의 차이가 없는 보편적인 국가교육을 주장하였다는 점에서 동시대를 크게 앞서 있었다.

12줄 **투르크(Turck)** 중세 이래 기독교 세계와 경쟁 관계에 있었던 이슬람 세력을 가리킨다.

028

정원사의 방법
엘리어트: 가버너
(Elyot: The Boke named the Governour)

엘리어트(Sir Thomas Elyot)는 1490년경에 태어나 1546년에 죽은 영국의 인문주의자이다. 엘리어트는 1531년에 『가버너(The Boke named the Governour)』를 출판하였다. 엘리어트는 『가버너』 1권, 4-27장에서 그의 교육론을 전개하였다. 엘리어트는 장차 국가의 통치자 계급에 속할 아이들에게 튜더 잉글랜드의 색채가 가미된 인문주의 교육을 처방하였다. 엘리어트의 『가버너』는 영어로 저술된 가장 초기의 교육 저작이다.

¶. **통치자들**이 덕이 있고 그들의 학구적인 마음을 공공의 복리와 그것의 지속적인 증진에 쏟는다면, 공공의 명예와 부는 더할 나위 없이 진작된다. 이것은 모든 권위 있는 대가들이 내린 결론이자 일상적인 경험을 통해 입증된 사실이다. 이러한 통치자들을 배출하기 위해 나는 지혜롭고 영리한 **정원사의 방법**을 따를 테다. 마당에 좋고 값비싼 식물을 심어 나중에 그 자신과 다른 사람들을 위해 아주 넓고 쾌적한 정원을 가꾸려는 사람은, 우선 그의 마당 구석구석을 살펴보면서 가장 부드럽고 기름진 땅을 찾는다. 그런 뒤에 그 땅에 식물의 씨앗을 뿌리고 그것이 잘 자라도록 주변 잡풀을 부지런히 정리한다. 일단 식물의 싹이 보이기 시작하면 뿌리까지 젖을 만큼 물을 흠뻑 주어 **빠른 성장**을 재촉한다. 그러다가 식물의 줄기가 올라오면 지지대를 세우고 주변의 잡풀을 열심히 제거한다. 이와 같은 방법으로 나는 좋은 집안에서 태어난 아이들의 훌륭한 기지를 단련할 것이다. 그래야만 그들은 어머니의 자궁에서부터 **공공의 복리**를

관리하는 사람들로 성장할 수 있다.[28]

- **註解**

  1줄 **통치자들** 엘리어트의 책 제목인 가버너(governour)를 번역한 말이다. 튜더 잉글랜드 시대의 신흥 통치자 집단을 일컫는다. 엘리어트는 교육을 통해 국가를 책임질 유능하고 믿을만한 새로운 지배층을 길러내고자 하였다. 교육받은 사람들의 지적이고 도덕적인 힘이 사회개혁의 원동력이라는 주장이다.

  5줄 **정원사의 방법** 고대인들의 설명 방식을 모방하여 교육을 정원사의 일에 비유하였다. 엘리어트 자신이 영어로 번역·출간하였던 플루타르코스의 『아이들의 교육에 대하여』에서의 논의를 참고하라(supra, 43). 엘리어트는 지방 젠트리(gentry) 출신의 법률가이자 정치가였지만, 토마스 모어(Thomas More)의 런던 집을 기점으로 당대의 인문주의자들과 교우하면서 고대와 동시대의 인문주의 저작들을 폭넓게 공부하였다.

  13줄 **공공의 복리** 알프스 이북지역에서 인문주의 운동은 사회적인 성격이 강하였다. 엘리어트의 통치자교육론 역시 공공의 복리 증진에 주안점이 놓였다. 이탈리아의 인문주의자들이 개인적인 생명성에 주목하였던 것과 대비된다.

029

학습의 사회적 목적
비베스: 지식의 전달
(Vives: De tradendis disciplinis)

비베스(Juan Luis Vives)는 1492(3)년에 태어나 1540년에 죽은 스페인의 인문주의자이다. 비베스는 르네상스 시대의 가장 영향력 있는 교육이론가 중 한 명이었다. 비베스는 1531년에 「지식의 전달(De tradendis disciplinis)」을 저술하였다. 이 논고에서 비베스는 인간의 의무가 참된 지식을 획득해 그것을 공공의 이익을 위해 사용하는 것이라고 주장하였다. 비베스는 지식의 사회적 목적을 강조하였던 매우 선구적인 인물이었다.

¶. 학습의 목적은 지식을 획득하고 그것을 쓸모 있게 만들어 **공공의 선**을 위해 사용하는 것이다. 그 보답은 돈, 명예, 쾌락과 같은 일시적인 것이 아니다. 우리가 돈을 위해 살고 가르친다면 올바른 것일까? 우리는 **신의 귀중한 선물**을 너무나 보잘것없는 것과 바꾸는 것이 아닐까? 아니면, 우리는 명예를 원하는 것일까? 그러나 큰 노력과 수고를 들여도 뜬구름처럼 잡을 수 없고 머물지 않는 것이 명예라면, 이 불확실한 것을 쫓는 일만큼 비참한 고역도 없다. 더 가련한 것은 사람들의 듣기 좋은 말과 신이 부여한 뛰어난 선물을 교환하고, 유한한 인간의 칭찬을 영원한 신의 칭찬보다 우선하며, 바보들의 말을 지혜 그 자체보다 선호하는 일이다. 금으로 만든 갈고리를 사용해 보잘것없는 뱀장어나 낚고 있는 인간의 어리석음이란! 그러므로 우리는 확고한 신념을 가지고 **모든 종류의 지식**을 탐구하면서 신이 인간에게 부여한 임무를 성실히 수행해야 한다. 이를 위해 우리는 항상 공부만 해서는 안 된다. 우리는 학습을 삶에 유용한

것으로 만들기 위해 노력해야 한다. 공부에는 끝이 없지만, 일정 수준에 도달하면 우리는 학습을 타인들의 사용과 이익으로 전환해야 한다. 이를 위해 **실천적 지혜**가 필요하다. 실천을 통해 우리는 서로 떨어져 있던 것들을 한데 모으고, 실천적 지혜를 통해 세상살이를 전체적으로 조율한다.[29]

- 註解

  1줄 공공의 선(bonum publicum) 비베스는 인문주의자들의 학자연하는 태도에서 벗어나 지식의 사회적 유용성을 강조하였다. 지식은 그 자체로 가치 있는 것이 아니라 공공의 선을 위해 사용되었을 때 가치 있다는 말이다.

  4줄 신의 귀중한 선물 이성을 의미한다. 지식 획득을 가능하게 해주는 인간의 선천적 능력이다.

  11줄 모든 종류의 지식 비베스가 1531년에 출간한 『지식에 대하여(De disciplinis libri XX)』를 참고하라. 이 책을 구성하는 두 번째 논고가 「지식의 전달」이다.

  16줄 실천적 지혜(prudentia) 앎을 전제하는 행동인 동시에 행동을 담보하는 앎이다. 일찍이 아리스토텔레스는 앎과 행동이 일치하는 이러한 형태의 지식을 프락시스($πρᾶξις$), 즉 실천적 지혜라고 불렀다.

030

여성교육론
비베스: 기독교여성교육론
(Vives: De institutione foeminae christianae)

비베스는 1523년에 영국으로 건너가 메리 공주(Mary Tudor)의 가정교사가 되었다. 이 시절에 비베스는 몇 편의 교육 논고를 저술하였는데, 그중 하나가 『기독교여성교육론(De institutione foeminae christianae)』이다. 이 논고는 비베스와 동향(同鄉)이었던 카탈리나 여왕(Catalina de Aragón)의 후원 아래 1524년에 완성되었다. 『기독교여성교육론』에서 비베스는 메리 공주의 교육을 염두에 두면서 기독교 여성이 갖추어야 할 종교적 신실함과 훌륭한 학식에 대해 말하였다.

¶. 선에 대한 지식으로 무장되어 있어야만 계속되는 악의 횡포로부터 우리 자신을 보호할 수 있다. 우리는 도덕적 지식의 조언 없이 자신을 스스로 안전하게 지키지 못한다. 나는 아이들에게 선과 악을 가르치지 않으면서 그들이 선과 악을 알기를 바라는 어리석은 부모들에 대해 말하였다. 악한 사람들과 함께 지내면서 악에서 벗어날 수 있겠는가? 선에 대한 지식은 배우지 않으면 알 수 없다. 반면에 악은 애써 감추려 해도 그렇게 되지 않는다. 악에 대한 지식은 사방에 널려 있어 눈에 잘 띈다. 그것은 어두운 곳에만 숨어 있지 않다. 사람들은 **교육받은 여성**을 의심의 눈초리로 바라본다. 학문을 통한 정신 도야가 **여성의 타고난 사악함**을 증가시킨다고 믿는 듯하다. 남성의 경우는 사악한 마음에 음흉한 학습이 더해져도 그러한 의심을 받지 않는다. 나는 모든 인간이 맑고 품위 있는 지식을 추구하기를 바란다. 그것을 통해 인격을 닦고 훌륭하게 성장하기를 바란다. 그리고 마음속 사악한 기운을 억누르기를 바란다. 이것이 여성

교육에 대해 내가 충고하는 삶의 규칙이자 도덕 원칙이다. 만일 지식이 해로운 것이라면, 나는 무지가 어째서 이로운 것인지 되묻고 싶다.[30]

- **註解**

  8줄 **교육받은 여성(doctae foeminae)** 중세를 거치면서 학식 있는 여성에 대한 부정적 시각이 형성되었다. 그러나 르네상스 시대에 이르러 고대의 뛰어난 여성들에 대한 기억도 차츰 되살아났다.

  9줄 **여성의 타고난 사악함** 여기에는 기독교의 인간관, 특히 원죄를 가진 타락한 여성상과 이교도 지식에 대한 의심이 영향을 미쳤다.

031

지자(知者)와 현자(賢者)
라블레: 가르강튀아와 팡타그뤼엘
(Rabelais: Gargantua et Pantagruel)

라블레(François Rabelais)는 1494년경에 태어나 1553년에 죽은 프랑스의 의사이자 인문주의 저술가이다. 라블레는 1532년에 『팡타그뤼엘(Pantagruel)』, 1534년에 『가르강튀아(Gargantua)』를 각각 출판하였다. 팡타그뤼엘이 가르강튀아의 아들이라는 점에서 출판 순서와 달리 흔히 『가르강튀아와 팡타그뤼엘(Gargantua et Pantagruel)』로 알려져 있다. 『가르강튀아와 팡타그뤼엘』에 나타난 라블레의 교육관은 '지자(知者)가 항상 현자(賢者)는 아니다'라는 경구로 요약된다.

¶. 당신도 알다시피 클로드 수사는 큰 덩치만큼이나 선량한 사람이다. 어찌 된 영문인지 그는 최근에 공부를 열심히 하고 있다. 나로 말하자면 여전히 공부 따위는 하지 않는다. 우리 수도원 사람들은 볼거리에 걸릴까 두려워 공부하지 않는다. 고인이 되신 우리 수도원장은 생전에 학식 있는 수도승을 끔찍한 괴물에 비유하곤 하였다. 세상의 교사들이여 '**지자(知者)가 항상 현자(賢者)는 아니다**'라는 경구를 명심할지어다. 올해에는 유난히 토끼가 많다. 그러나 매를 구하는 일은 쉽지 않다. 앞으로 자고새의 수가 급격히 늘어나 시끄럽겠다. 나는 그물을 쳐 놓고 먹잇감을 목이 빠지게 기다리는 일을 좋아하지 않는다. 그보다 뜀박질하고, 수고를 무릎 쓰고 주변을 돌아다닐 때 마음이 편하다. 다만 울타리를 넘나들고 숲속을 헤집고 다니다 보면 수도복(服)의 실밥이 터지는 일은 피할 수 없다. 여기 멋진 사냥개 한 마리가 있다. 좀처럼 먹잇감을 놓치는 일이 없다. 나는 이놈을 중간에서 가로채 버렸다. 내가 몹쓸 짓을 하였다고? 우리의

고매하신 체육 선생은 그렇게 생각하지 않는다. 아니다, 죽을 때까지 그냥 데리고 있으란다. 통풍에 걸린 절름발이 주인에게 그런 훌륭한 사냥개가 무슨 쓸모가 있겠는가. 어디서 좋은 황소 한 마리를 구해주면 더 좋아할 테다. 그걸 어떻게 장담하냐고, 내가 **키케로의 언변**을 흉내 내서 그럴듯하게 둘러대면 그만이다.[31]

- 註解

  5-6줄 **지자가 항상 현자는 아니다(Magis magnos clericos non sunt magis magnos sapientes)** 중세 속담이다. 교육의 목적이 지식이 아닌 지혜에 있다는 말이다. 현학적인 인문주의자들과 달리 라블레는 학습을 교육의 동의어로 여기지 않았다.

  17줄 **키케로의 언변(Rhetoricque Ciceroniane)** 키케로주의로 대변되는 언어형식주의를 풍자하는 말이다(supra, 65).

032

순서의 중요성
멜란히톤: 학습의 순서에 대하여
(Melanchthon: De ordine discendi)

멜란히톤(Philipp Melanchthon)은 1497년에 태어나 1560년에 죽은 독일의 신학자이자 교육개혁자이다. 멜란히톤은 비텐베르크 대학의 교수로 재직하면서 이 대학의 교양교육과정을 인문주의 정신에 따라 재조직하였다. 『학습의 순서에 대하여(De ordine discendi, habita in promotione Magistrorum)』는 인문대학장 크루시거(Caspar Cruciger)가 1531년 졸업식에서 대독(代讀)한 멜란히톤의 연설문이다. 이 연설문에서 멜란히톤은 대학에서 공부하는 교양교육과정의 범위와 순서를 논의하였다.

¶. 학습의 내용이 정해지면, 다음으로 학습의 순서를 고려해야 한다. 여기서 나는 순서의 중요성을 길게 말하지 않을 테다. 그것은 이미 잘 알려진 사실이고, 지금 다루기에 너무 넓은 주제이다. 만일 **농부**가 씨앗을 먼저 뿌리고 나중에 밭을 간다면, 또 그가 **천랑성**이 떴을 때 씨앗을 뿌리고 눈밭에서 땅을 일구면, 그의 수고는 모두 물거품이 된다. 마찬가지로 인간의 마음을 학문으로 갈고닦을 때도 올바른 순서를 지키지 않으면 모든 것이 수포로 돌아간다. 옛말에 이르길, '시기를 놓치면 좋은 것도 나쁜 것이 된다.' 아무리 좋은 것도 제때 배우지 못하면 무익하다는 가르침이다. 우리 조상들은 학습의 순서를 정하면서 학년과 같은 단계를 두었다. 아이들은 낮은 단계에서 공부하기 시작해 점차 높은 단계로 올라간다. 오늘날 우리는 **학습의 순서** 같은 것은 아랑곳하지 않는다. 사람들은 변증법, 수사학, 자연과학, 도덕철학을 공부하지 않고도 대번에 신학자, 법학자, 의학자가 된다. 예전에는 고등학부[신학, 법학, 의학]로 진학하기 전

에 모두가 이들 자유 교과를 배웠다. 이런 지식이 그들의 판단력을 날카
롭게 단련하고 사물에 대한 이해를 높여주었다. 그러나 지금은 가장 높
은 곳에 있는 거대 학문의 그늘에 가려 모든 인문학적 가르침이 존재의
터를 잃었다.[32]

- **註解**

3줄 **농부** 교육을 농사일에 비유하는 오래된 설명 방식이다.

4줄 **천랑성** 겨울철 별자리로 육안으로 볼 수 있는 가장 밝은 별이다.
동양에서는 사나운 짐승의 눈빛을 닮았다 하여 천랑성(天狼星)으로
명명한다. 서양에서는 시리우스(Sirius)로 불린다. 시리우스는 이집
트 신화에 나오는 신의 이름으로 '빛나는 것'을 뜻한다.

11줄 **학습의 순서(Bonum malum sit, non datum in tempore)** 멜란히톤에 따
르면, 대학에서는 교양교육이라는 이름 아래 인문학적 지식을 폭
넓게 공부한 다음, 전문적인 고등지식을 깊이 있게 탐구해야 한
다. 이는 중세 이래 대학교육의 전통이기도 하였다. 주지하다시피
중세대학에서 학습의 순서는 칠자유학예(septem artes liberales)를 일
정 기간 공부한 뒤에 신학, 법학, 의학을 공부하는 것이었다.

033

대학구성원의 소임
멜란히톤: 학교의 역할에 대하여
(Melanchthon: De coniunctione Scholarum)

멜란히톤은 대학교수로서 다수의 연설문을 작성하였다. 멜란히톤은 그 시대의 관습에 따라 자신의 연설문을 종종 직접 읽지 않았다. 『학교의 역할에 대하여(De necessaria coniunctione Scholarum cum Ministerio Evangelii)』(1543)는 라이프치히 대학의 헤브루어 교수 지글러(Bernhard Ziegler)가 낭독한 멜란히톤의 연설문이다. 이 연설문에서 멜란히톤은 세속적인 지식교육을 신의 뜻을 설명하고 해석하는 종교적인 목적에서 정당화하였다.

¶. 이 **도시**의 훌륭한 의회가 대학을 진흥시키기 위해 부단히 노력하는 것은 다른 도시에 귀감이 되기에 충분하다. 비록 이 도시는 많은 점에서 명예로운 곳이지만, 그곳에 대학이 있다는 사실만큼 위대하고 신성한 것도 없다. 실제로 한 도시[국가]가 바로 서기 위해서는 정치체제뿐만 아니라 신에 대한 이해와 제(諸)학문에 대한 지식이 필요하다. 그런데 어떻게 보면 대학이라는 학문공동체를 유지하는 일은 **우리 자신**의 책임이다. 벌집이 벌들에게 그러하듯, 대학은 우리에게 가장 고귀한 장소이다. 우리 각자가 자신의 의무를 올바르게 수행하고, 쓸모 있는 것을 가르치고, 서로 우호적인 관계를 맺고, 철학적 신중함을 통해 전체가 조화를 이루어야 한다. 우리는 기독교도에게 어울리는 인간적인 공동체를 건설해야 한다. "그 누구의 어떤 말도 듣지 않는" **키클롭스**처럼 살아서는 안 된다. 서로 다른 지위에 있는 사람들 간의 경쟁, 또는 동료 교수들 간의 경쟁을 부추기는 '야심'의 희생양이 되지도 마라. 그보다 자신의 사욕을 **공동체**

의 이익 아래에 두고, 공공의 평화를 개인적인 정념보다 항상 우선해야 한다.[33]

- **註解**

1줄 도시 비텐베르크. 종교개혁의 발흥지로 유명하다.

6줄 우리 자신 대학 공동체의 구성원들을 말한다. 멜란히톤이 비텐베르크 대학의 교수였음을 상기하라.

11줄 키클롭스(Κύκλωψ) 그리스 신화에 나오는 외눈박이 거인족이다. 호메로스의 『오디세이아(Ὀδυσσεία)』 9권에 등장하는 폴리페모스(Πολύφημος)가 유명하다. 멜란히톤은 고대 그리스의 비극작가 에우리피데스(Εὐριπίδης)의 작품을 인용하여 키클롭스를 "그 누구의 어떤 말도 듣지 않는 자(ἀκούει δ' οὐδὲν οὐδεὶς οὐδενός)"로 묘사하였다. 에우리피데스의 『키클롭스』 120.

13-14줄 공동체의 이익 '독일민족의 교사(Praeceptor Germaniae)'라는 칭호에 걸맞게 멜란히톤에게 학문하는 일은 사사로운 욕심을 버리고 공공의 이익을 추구하는 것이었다.

034

좋은 학교란?
슈트름: 문법학교 개설에 대하여
(Sturm: De literarum ludis recte aperiendis)

슈트름(Johann Sturm)은 1507년에 태어나 1589년에 죽은 독일의 인문주의 교육자이다. 슈트름은 1538년 6월에 슈트라스부르크 문법학교의 교장으로 임명되었다.『문법학교 개설에 대하여(De literarum ludis recte aperiendis)』(1538)는 슈트름이 1538년 2월에 시(市) 교육위원회에 제출하였던 슈트라스부르크의 김나지움(Gymnasium) 설립안을 보완한 것이다. 이 제안서에서 슈트름은 문법학교의 원칙, 내용, 조직 등을 설명하였다.

¶. 좋은 학교는 가르침과 도덕성의 체제가 견실한 곳이다. 학습의 목적이 **바깥세상에 대한 지식**에 있다지만, 그랬다가 우리의 삶이 가르침과 학문에서 멀어진다면 기품 있고 자유로운 교육을 받은들 무슨 소용이 있는가? 학교에서는 경건함과 종교를 가르치고, 젊은이들은 학문을 지렛대 삼아 자신들의 영혼을 연마해야 한다. 바깥세상에 대한 지식은 훌륭한 언변의 뒷받침 없이는 저속하고 야만적인 것이 되고, 언어가 쇠퇴하면 지혜는 사라지고 억측만이 난무한다. 이런 까닭에 우리는 유년기를 **언어 학습**에 할애해야 한다. 인간은 당연히 말부터 익히고 나서 생각이나 판단을 한다. 교육할 때는 처음부터 그러한 원칙을 지켜야 한다. 어린아이들일수록 말뿐만 아니라 행동에서도 좋은 습관을 쉽게 길러줄 수 있다. 아직 어렸을 때는 잘못된 행동도 뿌리를 깊이 내리지 못해서 그것을 다시 뽑아낼 수 있다. 어려서 말과 행동이 반듯한 아이들이 나중에 **훌륭한 학식과 종교적 신실함**을 겸비한 사람으로 성장한다. 그중 하나는 인간에

게 없어서는 안 되는 것이고, 다른 하나는 인생을 아름답게 꾸며주는 장식품과 같다.[34]

• 註解

2줄 **바깥세상(rerum)에 대한 지식** 사물에 대한 지식이다. 인간의 마음(animus)을 연마하는 것과 대비적인 개념이다.

7-8줄 **언어 학습** 슈트름의 글이 문법학교의 교육 계획안이었음을 기억하라. 슈트름의 문법학교에서는 언어 학습을 강조하였다. 언어에 대한 지식이 다른 모든 지식의 토대가 되기 때문이다. 그러나 언어를 단지 언어 그 자체를 위해 학습할 때 언어 학습은 곧 형식주의로 전락하고, 교육은 무의미한 일상으로 변질됨을 역사는 경고한다.

12-13줄 **훌륭한 학식(doctrinam)과 종교적 신실함(religionem)** 슈트라스부르크 김나지움을 유럽 전역에 알린 경건한 인문주의(pietas litterata)의 이상이다. 슈트름의 문법학교에서는 인문학적 지식과 종교적 신실함이 서로 조화를 이루는 교육을 추구하였다.

035

훌륭한 교사의 자질

슈트름: 군주교육론

(Sturm: De institutione principum)

슈트름은 1551년에 율리히-클레베-베르크(Jülich-Kleve-Berg)의 공작 빌헬름(Wilhelm der Reiche)을 위해 『군주교육론(De institutione principum)』을 저술하였다. 이 논고에서 슈트름은 '군주교육'이라는 오래된 주제를 교사와 교육과정의 문제를 중심으로 살펴보았다. 슈트름의 목적은 교육에 대한 고대인들의 지혜를 그 시대의 기독교 인문주의 정신에 따라 재구성하면서 학식과 신실함을 겸비한 이상적인 기독교 군주를 기르는 데 있었다.

¶. 이 세상을 살면서 가장 탐나는 것은 잘생긴 외모와 건강한 몸을 타고나는 것이다. 오래된 명문 가문에서 태어나는 것도 명예로운 일이다. 그런 사람들이 날 때부터 총명하고 성품이 좋다면 더 바랄 것이 없다. 그러나 잘 가르치고, 잘 기르고, 잘 배우는 일 또한 매우 중요하다. 후천적인 노력이 뒷받침되지 않으면, 타고난 능력은 빛을 잃고 눈에 띄는 결과를 내놓지 못한다. 선천적 특질에 대한 칭송도 오래가지 못한다. 시간이 지나면 약해지고 퇴보하기 때문이다. 고매한 인격과 영민한 마음을 지닌 사람만이 영원한 칭찬과 존경의 대상이다. 다만 이 두 개의 속성은 가정에서의 훈련과 훈육이 없다면 획득하기 어렵다. 이러한 중차대한 문제에서 **당신**의 아버지와 어머니는 매우 훌륭하고 지혜로운 본보기였다. 당신은 지금까지 유덕하고, 경건하고, 박식하고, 정직한 것만 보고·듣고·알면서 살아왔다. 사람들은 당신이 어렸을 때 **콘라드 헤레스바흐**의 가르침을 받은 것을 행운이라고 생각한다. 그는 신중하고, 근면하고, 긍정적

이고, 박식하고, 신실하고, 겸손한 사람이다. 이러한 여섯 개의 덕목을 모두 갖춘 교사에게 자녀교육을 맡긴다면 그 결과는 더없이 훌륭할 것이다.³⁵

- **註解**

10줄 **당신** 클레베의 빌헬름 공이다. 당대 인문주의자들의 글에 빈번히 등장하는 것으로 보아 르네상스 시대에 학문과 예술의 '넉넉한' 후원자가 아니었나 싶다. 빌헬름의 아버지 요한 3세(Johann III)는 에라스무스의 추종자로서 자신의 궁정을 인문주의자들의 온상으로 만들었다. 에라스무스가 그의『아동교육론』을 형식적으로나마 클레베의 빌헬름 공에게 헌정하였음을 주지한 바와 같다(supra, 63).

12줄 **콘라드 헤레스바흐(Konrad Heresbach)** 독일의 인문주의자이자 교사이다. 멜란히톤의 친구였으며, 에라스무스와도 친분이 있었다.『왕세자교육론(De educandis erudiendisque principum liberis)』을 저술하였고, 1522년 클레베 공국의 요한 3세의 요청으로 그의 어린 아들 빌헬름의 가정교사가 되었다.

036

교사의 두 가지 의무
아스캄: 스콜마스터
(Ascham: The Scholemaster)

아스캄(Roger Ascham)은 1515년경에 태어나 1568년에 죽은 영국의 인문주의 교육자이다. 아스캄은 『스콜마스터(The Scholemaster)』를 1563년부터 집필하였다. 이 책은 아스캄 사후(死後)에 그의 부인 마가레트 아스캄(Margaret Ascham)에 의해 출판되었다. 『스콜마스터』라는 표제가 암시하듯 아스캄은 학교교사의 역할을 다각도로 살펴보았다. 아스캄은 학교교사가 아이들의 학습과 훈육을 동시에 책임지는 사람이므로 매사에 신중하고 중용적인 태도를 견지해야 한다고 주장하였다.

¶. 고대 그리스인들과 로마인들은 훈육에 정통하였고, 그것을 부지런히 사용하였다. **아리스토파네스**, 이소크라테스, 플라톤, **플라우투스** 등의 작품들에는 아이들을 지도하는 세 부류의 사람, 즉 교사, 교복(敎僕), 부모가 등장한다. 교사는 아이에게 즐겁게 공부를 가르쳤다. 교복은 아이의 품행을 준엄하게 바로잡았다. 아버지는 아이에게 엄격한 복종을 요구하였다. 따라서 가르치는 사람이 회초리를 드는 경우는 거의 없었다. 그런 일은 다른 사람의 몫이었다. 오늘날은 어떠한가? 학교에서 **교사의 역할**은 아이에게 공부를 가르치는 동시에 아이의 품행을 바로잡는 것이다. 교사는 자신의 두 가지 의무를 올바르게 수행해야 한다. 아이의 잘못된 행동은 벌하면서도 공부를 가르칠 때는 온화한 모습을 보여야 한다. 이러한 이중적인 목적을 달성하기 위해 교사는 주어진 시간과 공간을 지혜롭게 사용해야 한다. 교사는 매사에 신중하고 중용적인 태도를 견지하면서 학교를 두려움이 사라진 편안한 안식처로 만들어야 한다. 가끔은 아

이의 사소한 일탈을 눈감아주는 아량도 베풀어야 한다. 물론 과도한 잘못까지 그러해서는 안 된다.[36]

• 註解

[2줄] **아리스토파네스** 고대 그리스의 희극 작가이다. 당대의 사회상을 풍자하는 희극을 썼다. 아리스토파네스는 소피스트 식의 새로운 교육 방식을 신랄히 비판하였는가 하면, '불멸의 교사' 소크라테스를 돈 떼먹는 말재간이나 가르치는 사이비 선생으로 조롱하였다. 아리스토파네스의 『구름(Νεφέλαι)』 100f.

[2줄] **플라우투스(Plautus)** 고대 로마의 희극 작가이다. 셰익스피어(William Shakespeare), 몰리에르(Molière)와 같은 근세 극작가에게 큰 영향을 주었다.

[7-8줄] **교사의 역할** 고대인들의 방식을 따르면, 교사(praeceptore)와 교복(paedagogo)의 역할을 동시에 수행하는 것이다.

037

농부의 가르침
아스캄: 톡소필로스
(Ascham: Toxophilus)

아스캄은 1545년에 헨리 8세(Henry VIII)에게 헌정할 목적으로 『톡소필로스(Toxophilus)』를 저술하였다. 그리스어로 톡소(τόξων)는 활을, 필로스(φίλος)는 친구를 뜻한다. 활쏘기 애호가였던 헨리 8세를 에둘러 가리킨다. 이 책에서 아스캄은 학자에게 적합한 여가 활동으로 활쏘기를 강조하였다. 아스캄은 학자가 쉼 없이 책만 읽는 것보다 공부와 휴식을 병행하면서 정신을 맑게 유지하는 것이 학습에 훨씬 도움이 된다고 보았다. 『톡소필로스』는 영어로 저술된 최초의 활쏘기 지침서였다.

¶. 한 **훌륭한 농부**가 자기 책에서 다음과 같이 말한 적이 있다. 곡식의 수확량을 늘리려면 땅을 가끔 묵혀야 하듯이, 학습량을 늘리고 싶으면 하루의 얼마 동안은, 그리고 한해의 얼마 동안은 공부하지 말고 쉬어야 한다. 그렇지 않고 땅을 해마다 경작한다면 그곳에서는 단지 쭉정이들만 얻는다. 이삭은 작고, 낟알은 여물지 않았다. 그래서 타작을 하고 나면 곳간에 저장하고 말 것도 없다. 마찬가지로 책에만 파묻혀 지내는 사람의 창의력과 기지는 보통 사람의 그것과 별반 차이가 없다. 그러므로 땅을 놀리지 않는 농부는 구두쇠처럼 살다가 좋지 않은 결과를 맞이하는 사람과 같다. 그는 자신의 할 일을 잘 아는 선량한 농부가 아니다. 단언컨대, **학습에 적합한 기지**를 타고난 아이들일수록 **휴식 시간**을 많이 가져야 한다. 이런 아이들은 쉼 없이 책만 읽어서는 안 된다. 그랬다가는 그들의 기민한 기지가 곧 사그라든다. 반면에 기지가 저급하고 둔한 아이들은 계속 공부한들 크게 해로울 것이 없다. 기타를 연주할 때와 마찬

가지로, 고음부의 날카로운 소리를 내는 줄은 항상 강도를 낮추어야 하지만 낮고 탁한 음을 내는 줄은 그렇게 할 필요가 없다.[37]

- 註解

1줄 **훌륭한 농부** 농사일로부터 교육적 교훈을 얻을 수 있다는 오래된 주장이다.

10줄 **학습에 적합한 기지**(the best wits to learning) 아스캄이 『스콜마스터』에서 제시한 좋은 기지의 일곱 가지 특징은 능력과 의지(Ευφυής), 기억력(μνήμων), 배움에 대한 사랑(φιλομαθης), 의욕과 노력(φιλοπονος), 타인에게 묻고 배우는 마음(φιλήκοος), 탐구심(ζητητικός), 칭찬받고 싶은 욕구(φιλέπαινος)였다.

10줄 **휴식 시간** 아스캄은 학자에게 적합한 여가 활동으로 활쏘기를 추천하였지만, 정작 그 자신은 노년에 닭싸움과 같은 사행성 오락에 빠져 가산을 모두 탕진하였다. 아스캄이 엘리자베스 여왕(Elizabeth I)의 가정교사까지 지냈던 당대 최고의 학자 중 한 명이었음을 생각하면 아이러니한 일이 아닐 수 없다.

038

공(公)교육 대 사(私)교육
멀캐스터: 포지션스
(Mulcaster: Positions)

멀캐스터(Richard Mulcaster)는 1531년경에 태어나 1611년에 죽은 영국의 인문주의 교육자이다. 멀캐스터는 머천트 테일러스 스쿨(Merchant Taylors' School)과 세인트 폴스 스쿨(St Paul's School)과 같은 당시 영국에서 가장 명성이 높았던 공립학교에서 오랫동안 아이들을 가르쳤다. 멀캐스터는 1581년에 『포지션스(Positions Concerning the Training up of Children)』를 저술하였다. 이 책에서 멀캐스터는 자신의 이십 년이 넘는 교직 경험을 토대로 공립학교 교육의 개선을 위한 광범위한 논의를 전개하였다.

¶. 어린 신사를 양육하는 문제는 **공교육 대 사교육**이라는 다른 중요한 논쟁과 결부된다. '사(私)'는 근본적으로 '공(公)'과 대립하는 말이다. 그것은 사유지와 공유지가 서로 반대되는 개념이고, 높이 솟은 땅이 평평한 땅에 그늘을 드리우는 것과 같다. 세상일이 모두 그러하듯, 교육에서도 사적인 습성과 형식이 타락을 가져온다. 그렇다고 해서 내가 사적인 재산과 존재 자체를 부정하는 것은 아니다. 법은 사유재산을 허용한다. 물론 이때도 우의를 가장해 공적인 간섭은 가능하다. 그러므로 나는 신사의 교육을 논하기에 앞서 사적인 훈련에 대해 잠시 살펴볼 테다. '사교육'을 형성하는 '사'와 '교육'이라는 두 개의 단어는 무엇을 의미하는가? '사'는 어떤 하나를 선택하는 것과 관계된다. 이것은 모든 것을 똑같이 취급하는 '공'과 대립을 이룬다. 다음으로 '교육'은 사람을 혼자가 아닌 **여럿이 함께** 살도록 키우는 것이다. 교육받은 사람은 조국이 바라는 방향으로 공사 구분 없이 자기가 맡은 일을 충실히 수행할 것이다. 여기서 모든 기

능은 공적인 것이다. 심지어 매우 사적으로 보일 때도 모두가 하나이다.
왜냐하면, 주된 방향은 공적인 것이며, 사적인 것은 공적인 것과 결합해
조화를 이루기 때문이다.[38]

- 註解

1줄 **공교육 대 사교육**(publike education and private) 이미 로마 제정기에 이러한 논쟁이 있었다. 한 예로, 퀸틸리아누스는 그의 『웅변가 교육론』에서 자신의 교직 경험에 비추어 학교에서의 공적인 교육을 집에서의 사적인 교육보다 우선하였다. 멀캐스터 역시 성공한 학교교사로서 공교육을 사교육보다 중시하였다.

11-12줄 **여럿이 함께** 멀캐스터는 동료(同僚) 인식이 자연스러운 것이라고 부연한다. companie is our naturall congnisaunce.

039

하루를 사는 지혜
몽테뉴: 현학에 대하여
(Montaigne: Du pedantisme)

몽테뉴(Michel Eyquem de Montaigne)는 1533년에 태어나 1592년에 죽은 프랑스의 사상가이다. 몽테뉴는 16세기 프랑스 인문주의를 대표하는 인물이다. 1580년에 출간된 『에세(Essais)』에는 교육을 주제로 하는 몇 편의 글이 실려 있다. 「현학에 대하여(Du pedantisme)」는 『에세』 1권, 스물다섯 번째 글이다. 이 글에서 몽테뉴는 교육의 목적이 머리를 지식으로 채우는 데 있는 것이 아니라 하루를 잘 살아가는 지혜를 얻는 데 있다고 주장하였다.

¶. 우리는 이성과 의식은 비워둔 채 단지 **기억을 채우는 일**에만 전념한다. 어미 새가 부리로 먹이를 물고 와서 그것을 맛조차 보지 않고 그대로 어린 새끼들의 입에 넣어주는 것처럼, 우리의 현학적인 선생님들은 여러 책에서 지식을 약탈해 그것을 잠시 입술로 물고 있다가 도로 뱉어내거나 바람에 날려 보낸다. 이러한 어리석음이 지금의 내 경우와 너무나도 닮았다. 내가 책을 쓴답시고 하는 짓이 바로 그러하기 때문이다. 나는 여기저기 흩어져 있는 책들을 기웃거리면서 마음에 드는 말귀들을 긁어모은다. 나는 그것들을 내 안에 저장하기보다는 이 책에 담아 세상에 내놓는다. 사실을 말하자면, 이 책의 내용은 원래의 장소에서 잠시 빌려왔을 뿐 내 것이 아니다. 나는 우리가 과거나 미래의 지식이 아닌 **현재의 지식**으로부터 지혜로워진다고 믿는다.[39]

• 註解

[1줄] **기억을 채우는 일** 르네상스 시대의 학자연하는 교육을 말한다. 몽테뉴 시대에 이르러 인문주의 정신은 쇠퇴일로에 있었고, 교육은 고대의 죽은 언어를 형식적으로 배우거나 생명성이 사라진 지식의 파편들을 기계적으로 암기하는 일이 되었다.

[10줄] **현재의 지식(science présent)** 오늘 하루를 살아가는 지식이다. 앞서 살펴본 라블레처럼, 몽테뉴는 이론적 지식보다 실천적 지혜를 중시하였다. 몽테뉴는 '지자가 항상 현자는 아니다'(supra, 78)라는 라블레식 교육 모토를 따랐다.

040

세상을 교실 삼아
몽테뉴: 아이들의 교육에 대하여
(Montaigne: De l'institution des enfans)

「아이들의 교육에 대하여(De l'institution des enfans)」는 『에세』1권, 스물여섯 번째 글이다. 이 글에서 몽테뉴는 아이들을 부모의 무릎 위에서 응석받이로 키우는 그 시대의 교육 관습을 비판하였다. 몽테뉴의 바람은 아이들을 집 밖에서 거칠게 키우면서 그들의 몸과 마음을 세상살이로 단련하는 것이었다.

¶. 모두가 동의하는 것처럼 아이를 부모의 무릎 위에서 응석받이로 키워서는 안 된다. 부모는 자연의 정에 이끌려 무르고 느슨해진다. 지혜로 이름 높은 사람도 자식 교육에서는 예외가 아니다. 부모는 아이의 잘못을 심하게 나무라지 못한다. 그뿐인가, 아이를 함부로 거칠게 다루는 것을 옆에서 지켜보지 못한다. 부모는 아이가 운동을 마치고 땀과 먼지로 뒤범벅이 되어 귀가하는 모습을, 찬물과 뜨거운 물을 가리지 않고 마시는 모습을, 잘 놀라는 말 등에 올라탄 모습을, 솜씨 좋은 검객에 맞서 손에 칼을 쥐고 있거나 화승총을 들고 있는 모습을 차마 볼 수 없다. 그렇지만 이 모든 것을 아이는 스스로 겪어야 한다. 아이를 온전한 인간으로 만들기 위해서는 어렸을 때부터 강하게 키우고, 종종 의학의 규칙에 반해 행동해야 한다. "그를 광활한 하늘 밑에서 위험을 무릅쓰고 살도록 하라."(호라티우스)[40]

• 註解

1줄 **아이** 이 글은 귀르송 백작 부인 디안느 드 프와(Madame Diane de Foix, Comesse de Gurson)에게 헌정한 것이다. 당시 출산을 앞두고 있던 백작부인의 요청으로 몽테뉴는 아이의 교육에 관한 논고를 저술하였다.

12줄 **호라티우스(Horatius)** 로마 공화정 말기에 활동한 서정시인이자 풍자작가이다. 몽테뉴의 자료는 로마 소년의 이상적인 교육을 노래한 호라티우스의 『서정시(Carmina)』 3, 2: 5-6. vitamque sub divo et trepidis agat in rebus.

041

체벌의 무익함
몽테뉴: 아버지의 사랑에 대하여
(Montaigne: De l'affection des pères pour leurs enfants)

「아버지의 사랑에 대하여(De l'affection des pères pour leurs enfants)」는 『에세』 2권, 여덟 번째 글이다. 데스티사크 부인(Madame d'Estissac)에게 보내는 편지 형식의 글에서 몽테뉴는 아버지의 자식 사랑에 대해 말하였다. 교육적인 관점에서, 몽테뉴는 아이들을 키우면서 매질과 같은 폭력적인 방법을 사용하지 말라고 충고하였다. 「아버지의 사랑에 대하여」는 몽테뉴의 『에세』에서 가장 감동적이고 뜻깊은 글이다.

¶. 아이의 영혼을 명예롭고 자유롭게 만드는 교육에서 폭력은 금물이다. 엄격과 구속은 비굴함을 낳을 뿐이다. 이성과 지혜와 요령으로 할 수 없는 일은 강제로도 할 수 없다. 내가 그렇게 컸다. 사람들은 내가 아동기에 매질을 단지 두어 번, 그것도 매우 약하게 경험하였다고 말한다. 나는 내 아이들도 같은 방식으로 길렀지만, 아이들은 모두 젖먹이 때 죽었다. 유일한 생존자인 **레오노르**는 이제 여섯 살이 넘었다. 나는 말로만 부드럽게 딸아이의 유치한 잘못을 지적하거나 혼낸다. 여기에는 아이 어머니의 너그러움도 한몫한다. 설령 내가 원하는 것을 이루지 못하더라도, 내 방법을 탓하기 전에 잘못을 지적할 수 있는 다른 많은 원인이 있다. 오히려 내 방법은 올바르고 자연스러운 것이다. 나의 바람은 남들보다 자유로운 상태로 태어난 아이들을 남들보다 자유로운 방식으로 키우고, 그들의 마음을 고귀함과 솔직함으로 드높이는 것이다. 확실히 **매질**은 아이들의 영혼에 겁과 고집을 심어주는 것 말고 아무런 효과도 없다.[41]

• 註解

6줄 **레오노르(Léonor)** 1565년 몽테뉴는 보르도 고등법원 판사의 딸인 프랑수아즈 드 라 샤세뉴(Françoise de la Chassaigne)와 결혼하였다. 몽테뉴에게는 여섯 명의 딸이 있었는데, 모두 어려서 죽고 레오노르만이 살아남았다. 몽테뉴는 유일한 생존자인 레오노르를 무척 귀여워하였다. 레오노르는 몽테뉴가 공직에서 물러난 직후인 1571년에 태어났고, 1590년에 결혼하여 이듬해 딸을 낳았다. 몽테뉴가 죽기 한 해 전이었다.

12줄 **매질** 몽테뉴의 바람과 달리 당시 학교에서는 매질(verge)이 성행하였다. 교사들은 거칠고 난폭하였으며, 에라스무스의 증언대로라면 교실에서는 몽둥이가 돌아가는 소리만 들렸다. 몽테뉴와 같은 인문주의자들이 강한 어조로 체벌을 비판하였던 것은 그만큼 현실이 녹록지 않았다는 방증이다.

042

대학이라는 곳
베이컨: 학문의 진보
(Bacon: The Advancement of Learning)

베이컨(Francis Bacon)은 1561년에 태어나 1626년에 죽은 영국의 경험주의 철학자이자 정치가이다. 베이컨은 1605년에 『학문의 진보(The Advancement of Learning)』를 저술하였다. 이 책에서 베이컨은 인간 지식의 모든 영역을 검토하고 자연철학과 귀납적 사고에 기초하는 새로운 교육방법을 개진하였다. 베이컨은 학문의 목적이 보편타당한 진리를 추구하면서 인류 공공의 행복에 이바지하는 것임을 강조하였다.

¶. 나는 유럽의 이름난 대학들에서 이상한 점을 하나 발견하였다. 대학들이 모두 **전문적인 직업교육**을 위한 기관들로 설립되었다는 것이다. 그곳에서 우리는 제(諸)학문의 흔적을 찾아볼 수 없다. 학습이 결국에는 실천을 위한 것이라는 사람들의 말은 일리가 있다. 그러나 그렇게 말하면서 사람들은 옛 우화 속 잘못을 되풀이한다. 몸의 다른 부분들은 위(胃)가 하는 일 없이 놀고 있다고 불평하였다. 왜냐하면, 위는 팔다리, 감각기관, 머리처럼 움직이는 활동이 겉으로 잘 드러나지 않기 때문이다. 그렇지만 위는 우리 몸으로 들어오는 음식물을 소화해 그것을 몸 전체로 나누어 주는 중요한 역할을 한다. 같은 맥락에서 **철학**처럼 보편타당한 진리를 추구하는 학문이 쓸모가 없다고 말하는 것은 잘못이다. 모든 전문적인 직업교육은 철학의 도움과 지원을 받을 수 있다. 나는 철학과 같은 일반적인 학습을 경시하는 풍조가 학문의 진보를 가로막는 주된 원인이라고 생각한다. 사람들은 이러한 기본적인 지식을 대충 훑어보고 지나간

다. 만일 당신의 나무에 과일이 더 많이 열리기를 바란다면, 나무가 뿌리를 박고 있는 토양을 근본적으로 개선해야지, 단지 나무의 잔가지만 정리해서는 안 된다. 마찬가지로 일반적인 교양교육의 토대 없이 전문적인 직업교육에만 열중하는 것은 학문의 발달에 부정적일 뿐만 아니라 국가 전체로도 해롭다.[42]

- 註解

2줄 **전문적인 직업교육** 신학자, 법학자, 의학자와 같은 전문적인 직업인을 길러내는 교육을 말한다. 중세 이래 대학에서는 신학, 법학, 의학을 공부하기 전에 칠자유학예로 구성된 일반적인 교양교육부터 받았음을 상기하라.

9줄 **철학** 전통적인 의미에서의 철학뿐만 아니라, 베이컨 시대에 새롭게 발흥하였던 자연철학까지를 포함한다. 베이컨은 근대 경험주의 철학의 개척자 중 한 명으로서 실험과 관찰에 기초한 과학적인 지식 탐구와 방법을 주장하였다.

043

경쟁의 이점
브린슬리: 문법학교
(Brinsley: The Grammar Schoole)

브린슬리(John Brinsley)는 1581년경에 태어나 1624년에 죽은 영국의 교육자이다. 브린슬리는 레스터셔 애쉬비-드-라-주크의 청교도학교에서 오랫동안 교사로 활동하였다. 브린슬리는 1612년에 그동안의 교육 경험을 토대로 『문법학교(The Grammar Schoole)』를 저술하였다. 이 책에서 브린슬리는 인문주의 교육이론을 문법학교에 적용하면서 아이들을 가르치는 효과적인 방법이 무엇인지 논의하였다.

¶ 1. 완벽함을 쟁취하고, 학습에 따른 보상을 얻으려는 노력이야말로 가장 칭찬받을 일이다. 그로부터 학교는 공포와 고역의 장소가 아닌 놀이와 즐거움의 장소가 된다. 물론 학교에는 권위가 있어야 한다. 그러나 그것은 사랑이 깃든 엄격함과 지혜로운 훈육을 통해 유지되어야 한다. 그래야만 학교는 빈둥거리면서 소일하는 유희의 장소가 아닌, 우리의 바람을 이루는 생산적인 장소가 된다. 학교의 모든 일은 칭찬을 받기 위한 경쟁과 투쟁의 방식으로 행해져야 한다. 일례로 학습의 과정을 옆에 자리한 아이들끼리 서로 경쟁하도록 조직하라. 옛 선인의 가르침대로 **용맹함은 상대방의 힘으로부터 나온다**. 덕은 힘을 사랑하고, 경쟁 상대가 없으면 곧 시든다. 모든 일에 상대를 두고 서로 경쟁해서 상을 획득하도록 하라. 학교의 모든 학년을 두 개의 대등한 그룹으로 나누어 그들이 항상 경쟁하면서 승리를 쟁취하도록 하라. 마치 그들이 게임이나 사냥을 할 때처럼 말이다. 그렇게 하면 그들은 상대방을 이기려고 미리 준비하고 자

신을 스스로 독려한다. 우리는 이러한 사실을 경험을 통해 알고 있다. 심지어 궁수도 차츰 강력한 경쟁자를 골라 그자를 이기려고 부단히 연습하고 최상의 활과 화살을 준비한다. 모든 것은 **경쟁**을 통해 향상되므로 학교에서도 이러한 방법을 사용해야 한다.[43]

• 註解

2줄 일(play) 단어 선택이 흥미롭다. 학교의 유례는 놀이(play)를 뜻하는 라틴어 루두스(ludus)이다. 브린슬리는 아이들이 서로 경쟁하면서 우수함을 쫓는 '일'이야말로 학교에서 권장할만한 '놀이'라고 보았다. 브린슬리는 'ludus literarius'와 'ludus a non ludendo'라는 표현을 번갈아 사용하면서 학교 공부가 우리의 바람을 이루는 생산적인 놀이(일)라는 주장을 전개하였다.

8-9줄 용맹함은 상대방의 힘으로부터 나온다(Marcet sine adversario virtus) 브린슬리의 자료는 세네카의 『섭리에 대하여(De providentia)』 2, 4.

16줄 경쟁 브린슬리는 그 자신의 오랜 교직 경험에 비추어 교실 속 경쟁의 교육적 이점을 주장하였다. 물론 외재적 보상도 거론하고 있지만, 브린슬리는 경쟁이 필요한 이유를 인간 마음에 내재한 우수함에 대한 열망으로 설명하였다.

044

쉽고 즐겁게 배우는 방법
코메니우스: 대교수학
(Komenský: Velká didaktika)

코메니우스(Jan Amos Komenský)는 1592년에 태어나 1670년에 죽은 체코의 주교이자 교육자이다. 코메니우스는 1632년경에 체코어로 『대교수학(Velká didaktika)』을 저술하였고, 1657년에 라틴어 번역본(Didactica magna)을 출판하였다. 이 책에서 코메니우스는 '모든 것을 모든 사람에게 완벽하게 가르치는 방법'에 대해 살펴보았다. 코메니우스의 『대교수학』은 17세기 실학주의 교육사상을 대표하는 저작이다.

¶ 1. **앞에서** 우리는 교사들이 목적을 달성하는 데 도움이 되는 방법들을 살펴보았다. 이제 학생들의 관점에서 이러한 방법들을 어떻게 쉽고 즐겁게 사용할 수 있는지 생각해 보자. 만일 우리가 **자연의 길**을 따라간다면, 그래서 (1) [아이의] 마음이 나쁜 것에 물들기 전에 교육을 일찍 시작한다면, (2) [아이의] 마음이 교육을 받아들일 적절한 준비가 되어 있다면, (3) 교육이 일반적인 것에서 특별한 것으로 진행된다면, (4) 그리고 쉬운 것에서 점차 어려운 것으로 나아간다면, (5) 아이의 학습 부담이 너무 과하지 않다면, (6) 모든 것에서 점진적인 발달이 이루어진다면, (7) 나이별로 올바른 방법을 고려하면서 타고난 지적인 성향에 반하는 것을 강제하지 않는다면, (8) 모든 것을 감각기관을 통해 가르친다면, (9) 그리고, 가르친 모든 것의 쓸모를 항상 염두에 둔다면, (10) 모든 것을 이와 같은 방법으로 가르친다면, 교육의 과정은 까다롭거나 힘들지 않을 것이다. 이러한 원칙들을 지켰을 때 교육은 쉽고 즐거운 일이 될 수 있다.[44]

• 註解

1줄 **앞에서** 코메니우스는 『대교수학』 16장에서 자연에 따르는 교수·학습의 원리 아홉 가지를 제시하였다.

3줄 **자연의 길** 코메니우스는 주변에 실재하는 자연 세계로 눈을 돌려서 그로부터 교육적 지혜를 구하였다. 코메니우스에 따르면, 가르치고 배우는 과정은 자연이 정해준 질서를 따랐을 때 쉽고 편안하고 즐거워진다. 이런 코메니우스에게서 '자연으로 돌아가라'는 루소식 지침은 이미 그 맹아를 찾아볼 수 있다.

045

세 가지 씨앗
코메니우스: 어머니학교
(Komenský: Informatorium školy mateřské)

코메니우스는 『대교수학』을 완성할 즈음에(1632년경) 부모들을 위한 교육지침서 「어머니학교(Informatorium školy mateřské)」를 체코어로 저술하였고, 1633년에 독일어 번역본(Informatorium maternum, der Mutterschule)을 출판하였다. 이 글에서 코메니우스는 『대교수학』 28장의 주제인 '어머니학교(0-6세)'에 대해 자세하게 설명하였다. 코메니우스는 아이의 종교적, 도덕적, 지적 교육이 모두 어머니의 무릎에서 시작한다는 주장을 되풀이하였다.

¶. 신은 인간을 오랫동안 살게 하면서 이런저런 많은 의무를 부과하였다. 이런 까닭에 부모들은 **아이들의 교육**에 최선을 다해야 한다. 아이들은 먼저 신을 믿고 공경하는 법을 배워야 한다. 그들은 또한 자유교육과 그 밖의 다른 필요한 것들을 배우면서 도덕성과 학식을 갖추어야 한다. 그래서 장차 어른이 되었을 때 자기 일을 지혜롭게 관리하는 것은 물론이고 인생의 다양한 의무들을, 그것들이 종교적이든 정치적이든, 시민적이든 사회적이든 상관없이 모두 잘 수행할 수 있어야 한다. 그런 자격을 갖춘 사람들만이 나중에 신의 부름을 받아 이 세상에서 다음 세상으로 즐겁게 여행을 떠난다. 그렇다면, 아이들을 교육하는 목적은 다음 세 가지다. (1) 신앙심과 경건함. (2) 도덕적인 올바름. (3) 언어와 제(諸)학문에 대한 지식이다. 그것들은 지금 말한 순서대로 중요하다. 첫째가 종교적 신실함이고, 둘째가 도덕성이고, 셋째가 **지식**이다.[45]

• 註解

2줄 **아이들의 교육** 코메니우스는 모라비아 형제단(Jednota bratrská)의 감독관[주교]으로서 그의 교육학은 종교적 색채가 짙다. 코메니우스에 따르면, 교육은 신이 인간의 마음속에 심어준 종교적, 도덕적, 지적 씨앗을 차례대로 계발하는 일이었다.

12줄 **지식** 코메니우스가 범지학(汎知學)의 주창자였음을 기억하라. 코메니우스는 삼라만상에 대한 지식을 통해 신을 알아가는 것이 인간의 의무 중 하나라고 보았다. 코메니우스는 기독교 범지학의 관점에서 '대교수학'으로 알려진 자연에 따르는 교수법을 제안하였다.

046

숭고한 목적, 세속적 방법
밀턴: 교육론
(Milton: Of Education)

밀턴(John Milton)은 1608년에 태어나 1674년에 죽은 영국의 시인이자 청교도 사상가이다. 밀턴은 1644년에 프러시아 출신의 교육개혁자 하틀립(Samuel Hartlib)의 부탁을 받고 그의 『교육론(Of Education)』을 저술하였다. 이 논고에서 밀턴은 영국을 신의 나라로 만들기 위한 교육개혁론을 전개하였다. 밀턴은 교육의 목적을 덕과 경건함에 두었고, 교육의 방법으로 세상 만물에 대한 질서정연한 숙고를 강조하였다.

¶. 학습의 목적은 신을 바르게 아는 것을 통해 **인류 최초의 잘못**을 바로잡는 것이다. 그리고 그러한 지식으로부터 신을 사랑하고, 신을 모방하고, 신과 같은 존재가 되는 것이다. 이를 위해서는 우리의 영혼을 덕과 경건함으로 채워야 한다. 그런데 인간의 인식 능력이 단지 **감각적인 사물들**에만 국한되므로 우리는 관찰 가능한 피조물에 대한 질서정연한 숙고를 통해 신처럼 눈에 보이지 않는 것을 알아가야 한다. 가르치는 일은 하나같이 이러한 방법을 따라야 한다. 우리는 인류의 역사에서 지혜를 가장 열심히 추구하였던 사람들의 **언어**를 배워야 한다. 모든 민족과 국가가 제(諸)학습에 적합한 경험과 전통을 가지고 있는 것은 아니다. 언어는 어디까지나 유용한 지식을 얻기 위한 수단이다. **바벨**이 쪼개놓은 세상의 모든 언어에 정통한 언어학자가 있더라도, 그러한 언어들로 단어 어휘 외에 견실한 내용을 공부하지 않았다면, 그자의 학식은 모국어를 지혜롭게 사용하는 농부나 상인의 학식과 별반 다르지 않다.[46]

- 註解

1줄 **인류 최초의 잘못** 인류의 시조가 선악과를 따먹고 신의 정원에서 추방된 사건을 말한다. 밀턴이 남긴 두 서사시의 주제이기도 하다.

4-5줄 **감각적인 사물들(sensible things)** 밀턴은 신을 바르게 이해한다는 종교적 목적을 염두에 두었지만, 자연계에 존재하는 모든 피조물에 대한 감각·경험적인 지식을 강조함으로써 서양 근대 교육사상의 실학주의적 전개에 공헌하였다.

8줄 **언어** 고대 그리스와 로마의 언어를 말한다. 밀턴은 고대의 언어가 지혜의 창고로 들어가는 열쇠이기 때문에 배워야 할 뿐, 그 자체로 학습의 목적이 되어서는 안 된다고 보았다. 밀턴에게 언어는 단지 수단에 불과하였다. 고전어든 모국어든 중요한 것은 내용이었다.

10줄 **바벨(Babel)** 신이 사람들의 언어를 혼잡하게 만들어 모두가 다른 말을 사용하였다는 전설의 도시이다. 원래는 '신의 문'이라는 뜻이지만, 일반적으로 인간의 오만함을 상징한다.

047

교실에서의 훈육
홀: 학교교수법의 새로운 발견
(Hoole: A New Discovery of the Old Art of Teaching School)

홀(Charles Hoole)은 1610년에 태어나 1667년에 죽은 영국의 교육자이다. 홀은 요크셔 로더럼의 문법학교와 런던의 사립학교에서 아이들을 가르쳤다. 홀은 코메니우스의 『세계도회(Orbis sensualium pictus)』를 영어로 번역한 인물로 유명하다. 홀은 1659년에 그의 오랜 교사 경험을 바탕으로 『학교교수법의 새로운 발견(A New Discovery of the Old Art of Teaching School)』을 저술하였다. 이 책에서 홀은 교사의 관점에서 학교교육을 바라보면서 젊은 교사들에게 다수의 실천적인 지침을 주었다.

¶. **교사**가 아이들에게 항상 즐겁고 유쾌한 모습을 보이면서 그들의 잘못에 관대함을 보일 때 아이들은 교사를 좋아하고 따른다. 그러나 교사는 아이들의 행동을 매우 유심히 살피면서 그들의 계속되는 잘못은 지적하고 넘어가야 한다. 이때 교사는 잘못을 저지른 아이와 개인적으로 이야기를 나누면서 자기가 아이의 잘못을 모르는 것이 아니며, 앞으로 비슷한 잘못을 다시 저지르거나 반 아이들 앞에서 고집스러운 행동을 보인다면 그때는 잘못을 용서하지 않을 것이라고 말해야 한다. 물론 아주 고집이 센 아이라면 교사가 회초리를 들지 않는 편이 좋을 수도 있다. 잘못하다가 아이의 교사에 대한 미움만 커져 사태가 더 나빠질 수 있다. 교사가 반 전체의 잘못을 목격하였을 때는 아이들 모두를 용서하거나 벌하는 공정한 모습을 보여야 한다. 교사가 아이들을 혼낼 때는 예외를 두지 않음으로써 그들의 마음에 잘못을 저지르면 반드시 벌을 받는다는 생각을 심어주어야 한다. 당연히 교사는 아이들을 너무 엄하거나 잔인하게 다루

어서는 안 된다. 그렇게 하면 아이들은 교사를 매우 싫어하게 된다. 아이들은 교사를 무서워하고, 그의 진정성을 의심한다. 그러나 **대다수의 선량한 아이들**은 잦은 격려와 칭찬만으로 좋은 행동을 보인다. 그러므로 교사는 공부를 잘하고 그의 지시에 따라 질서 있게 행동하는 아이들에게 칭찬을 아껴서는 안 된다.[47]

• 註解

1줄 **교사** 이 책을 구성하는 네 번째 논고(Scholastick Discipline)에서 홀은 경험이 일천한 교사(The Not Experienced)가 학생들 사이에서 어떻게 처신하며 자신의 권위를 지켜야 하는지 알려준다. 문법학교 새내기 교사를 위한 행동강령이다.

15-16줄 **대다수의 선량한 아이들** 교육에 대한 논의는 장밋빛 이상이나 예외적인 상황이 아닌 대다수의 보통 아이들을 중심에 놓아야 한다. 홀의 글에서는 실제 교실 장면에서 교사가 직면하는 현실적인 어려움과 그에 대한 상식적 처방을 엿볼 수 있다.

048

인식의 제1원천
로크: 인간오성론
(Locke: An Essay Concerning Human Understanding)

로크(John Locke)는 1632년에 태어나 1704년에 죽은 영국의 철학자이자 의사이다. 로크는 1689년에 『인간오성론(An Essay Concerning Human Understanding)』을 출판하였다. 『인간오성론』에서 로크는 인간의 마음이 하얀 종이와 같다는 '백지설'을 주장하였고, 인간의 내면적·외면적 경험을 인식의 제1원천으로 간주하였다. 로크의 『인간오성론』은 근대 경험주의 철학에 이론적 근거를 제시하는 논고로서 중요하다.

¶. 모든 관념은 감각이나 반성에서 비롯된다. 우리의 마음을 모든 성격과 관념이 제거된 '하얀 종이'에 비유해보자. 마음은 어떻게 채워지는가? 마음은 인간의 부지런하고 끝없는 기호가 그 위에 그려 놓은 다양하고 많은 것을 어디로부터 얻는가? 마음은 이성과 지식의 질료를 어디로부터 얻는가? 나는 이 질문에 한마디로 '경험'으로부터라고 말한다. 우리의 모든 지식은 경험에 토대를 두고, 결국 경험으로부터 나온다. 감각적인 사물들에 대한 외적인 관찰과, 자기 지각과 반성이라는 마음의 내적인 작용으로부터 우리의 오성은 모든 생각의 질료를 얻는다. 이 두 가지, 즉 외면적 경험과 내면적 경험이 지식의 원천이다. 그로부터 우리의 모든 관념이 자연스럽게 생겨난다.[48]

• 註解

2줄 **하얀 종이(white paper)** 로크의 유명한 백지설(白紙說, tabla rasa)이다. 이후 경험주의 교육철학의 기본 전제가 되었다.

5줄 **경험(experience)** 경험이 지식의 원천이라는 주장이다. 이로부터 로크 철학에 '경험주의'라는 수식어가 붙었다.

049

인간 행복의 조건
로크: 교육에 관한 고찰
(Locke: Some Thoughts Concerning Education)

로크는 1683년부터 1688년까지 네덜란드에서 망명 생활을 하면서 아일랜드 친구 클락(Edward Clarke)과 서신교환을 하였다. 영국으로 돌아온 로크는 클락에게 보냈던 편지들 가운데 교육과 관련된 내용만을 간추려 1693년에 『교육에 관한 고찰(Some Thoughts Concerning Education)』을 출판하였다. 『교육에 관한 고찰』에서 로크는 17세기 영국 신사교육의 이상을 제시하였다. 로크의 교육 목적은 '건강한 몸에 건강한 마음'이라는 한 마디 경구로 요약된다

¶. **'건강한 몸에 건강한 마음'**은 인간의 행복을 묘사하는 짧지만 정확한 말이다. 이 두 가지를 겸비한 사람은 더 바랄 것이 없다. 어느 하나가 부족한 사람은 다른 하나에서도 뛰어나지 못하다. 인간의 행복이나 불행은 대부분 스스로 만든다. 마음이 지혜롭지 못한 사람은 올바른 길을 선택하지 못하고, 몸이 약한 사람은 자신의 길을 나아가지 못한다. 타고나기를 몸과 마음이 튼튼해서 타인의 도움이 필요 없는 사람들이 있다. 그들의 천부적 재능은 요람에서부터 빛나고, 강인한 체질은 경이로움의 대상이다. 그러나 이러한 부류에 속하는 사람들의 수는 매우 적다. 우리가 만나는 사람들 가운데 열의 아홉은 **교육의 산물**이다. 그들은 교육을 통해 도덕적으로 선해지거나 악해지고, 쓸모가 있거나 그렇지 않게 된다. 다름 아닌 교육이 사람들 사이에 큰 차이를 만든다. 유년기의 작고 희미한 인상들이 매우 중요하고 지속적인 결과를 낳는다. 이를테면, 강의 발원지에서 최초의 물줄기를 어느 쪽으로 틀어 놓았느냐에 따라 향후 강물의

경로가 완전히 달라진다. 강의 상류에서 처음 결정된 방향으로 물은 서로 다른 지류를 형성하면서 멀리까지 흘러간다.[49]

• 註解

1줄 **건강한 몸에 건강한 마음(A Sound Mind in a Sound Body)** 로마 제정기의 시인 유베날리스(Juvenalis)의 『풍자시(Satura)』 10, 356에 나오는 경구다. 로크는 유베날리스의 입을 빌려 17세기 영국 신사교육의 이상을 제시하였다.

9줄 **교육의 산물** 로크에 따르면, 타고나기를 몸과 마음이 건강한 사람들이 분명 존재하지만, 사람들 대부분은 후천적인 노력을 통해 그들의 심신(心身)을 건강하게 만들 수 있다. 로크는 '본성 대 양육(nature vs. nurture)'이라는 오래된 논쟁에서 교육의 역할을 강조하는 입장에 있었다.

050

학습의 세 측면
로크: 학습에 대하여
(Locke: Of Study)

로크는 1675년에 나빠진 건강을 추스르기 위해 프랑스로 떠났다. 프랑스에 도착하면서부터 로크는 일기를 썼다. 로크는 1677년 3월부터 5월까지 여행을 하면서 틈틈이 학습에 대한 그의 생각을 일기장에 남겼다. 「학습에 대하여(Of Study)」는 로크의 이때의 일기로부터 발췌한 것이다. 로크는 학습의 현학적인 측면을 경계하면서 신사에게 요구되는 실천적인 지식에 대해 말하였다.

¶1. 나는 책에 대해 이것 하나만을 말할 테다. 즉 어떤 식으로 말하든 **책에만 파묻혀 지내는 것**이 학습의 주된 부분은 아니라는 점이다. 책을 읽는 일 말고도 다른 두 개의 학습 활동이 더 있다. 이 두 활동 모두 우리의 지식을 늘리는 데 나름대로 공헌한다. 그것들은 바로 명상과 담론이다. 내 생각에, 독서는 세공하지 않은 자료를 수집하는 활동이므로 그렇게 수집된 자료 대부분은 쓸모가 없다. 명상은 필요한 자료를 골라내고 그것을 다듬고 정리하는 활동이다. 끝으로, **담론**은 자료를 전체적으로 개괄하고, 이런저런 부분을 살피고, 장단점을 점검하는 활동이다. 그러므로 잘못된 점을 찾아 고칠 수 있는 가장 좋은 방법이다. 게다가 **다른 두 가지 학습 활동** 못지않게 종종 진리를 발견하고 그것을 마음에 각인시키는 데 도움을 준다.[50]

• 註解

1-2줄 **책에만 파묻혀 지내는 것** 로크는 책을 지식의 유일한 원천으로 삼지 않았다. 그보다 '세상'이라는 더 큰 책으로 눈을 돌렸다. 근대 과학의 태동기를 살았던 로크에게 참된 지식은 세상에 대한 경험과 관찰로부터 얻는 것이었다.

7줄 **담론(discourse)** 주변 사람들과 의견을 나누는 일이다. 로크는 이런 식의 대화가 말다툼(wrangling)으로 변질되는 일을 경계한다.

9-10줄 **다른 두 가지 학습 활동** 독서(reading)와 명상(meditation)이다.

051

여성의 권위

페넬롱: 여성교육론
(Fénelon: Traité de l'éducation des filles)

페넬롱(François Fénelon)은 1651년에 태어나 1715년에 죽은 프랑스의 대주교이자 저술가이다. 페넬롱은 1676년에 신부 서품을 받고 젊은 개신교 여성들의 공동체인 누벨 가톨릭(Nouvelles Catholiques)에서 그들의 개종과 교육을 담당하였다. 이때의 경험을 토대로 페넬롱은 1687년에 『여성교육론(Traité de l'éducation des filles)』을 저술하였다. 이 책에서 페넬롱은 여성들을 위한 광범위한 교육을 옹호하였다. 페넬롱의 목적은 여성들이 가정을 잘 꾸리고 아이들을 올바르게 키울 수 있는 지적·도덕적 힘을 갖추는 것이었다.

¶. 세상은 단순한 환영(幻影)이 아니다. 그것은 개별 가정들의 집합체다. 누가 여성들보다 가정을 잘 돌볼 수 있을 텐가. 여성들은 자연적인 권위와 집 안에 항상 거주하는 것 말고도 타고나기를 조심성 있고, 작은 것에 주의하고, 부지런하고, 주변에 친절하고, 말솜씨가 좋다. 만일 여성들이 남성들과 결혼하여 가정을 꾸리지 않는다면 남성들의 삶은 행복할까? 아이들은 또 어떠한가? 만일 어머니들이 아이들을 어려서부터 올바르게 키우지 못한다면, 인류의 다음 세대에 해당하는 아이들의 모습은 어떠할까? 그러므로 **여성들의 일**은 남성들의 일 못지않게 공공의 이익에 중요하다. 여성들에게는 꾸려갈 가정이 있고, 그들에게 의존하는 남편과 아이들이 있기 때문이다. 남편의 행복과 **아이들의 교육**이 모두 여성들에게 달려 있다. 게다가 여성들도 남성들만큼이나 덕에 관심이 있다. 그러나 세상에 대한 도덕적 공헌과 별개로 여성들은 그 자체로 인류의 절반을 차지하는 구원의 존재들이다.[51]

• 註解

8줄 **여성들의 일** 가정을 잘 돌보는 일이 신이 여성들에게 부여한 임무라는 페넬롱의 주장은 앞서 살펴본 크세노폰의 『가정경제론』에서의 논의(supra, 25)를 생각나게 한다. 자연의 권위에 의해 남성의 일과 여성의 일을 구분하였기 때문이다.

10줄 **아이들의 교육** 페넬롱의 『여성교육론』은 "지금까지 여성교육만큼 소홀하게 여겨졌던 일도 없다(Rien ñ'est plus négligé que l'éducation des filles)"라는 구절로 시작한다. 페넬롱의 주장대로 자녀교육의 책임이 여성에게 있다면, 당연히 여성교육에도 관심을 가져야 한다.

052

학생을 대하는 자세
라 살: 기독교학교의 행동 강령
(La Salle: Conduite des écoles chrétiennes)

라 살(Jean Baptiste de La Salle)은 1651년에 태어나 1719년에 죽은 프랑스의 성직자이자 교육개혁자이다. 라 살은 그의 삶의 대부분을 가난한 아이들을 위한 교육 사업에 바쳤다. 라 살은 빈민학교를 세우고 교사들을 모집해 교육하였다. 1706년에는 교사들을 위한 행동 지침서『기독교학교의 행동 강령(Conduite des écoles chrétiennes)』을 편찬하여 교사들의 학교생활을 안내하였다.

¶. **학교에서 하는 가장 중요한 일**의 하나는 학생들의 잘못을 바로잡는 것이다. 학생들의 잘못을 적절한 시기에 바로잡아 모두에게 이익이 될 수 있도록 최선을 다해야 한다. 학교에서 사용하는 교정 방법에 대해서는 추후에 자세히 논의할 것이다. 지금은 우선, 학생들을 지도할 때 온화함과 단호함이 조화를 이루어야 하는 이유부터 설명하겠다. 우리는 **성인들**의 가르침과 선례를 통해 학생들을 부드러우면서도 엄하게 다루어야 한다는 진리에 이른다. 그러나 많은 사람이 이 두 가지 방법을 적당히 섞어 쓰면서 학생들을 다루지 못한다. 예를 들어, 권위 의식에 사로잡혀 아이들을 고압적인 자세로 다루는 교사가 있다면, 그의 이런 행동은 참을 수 없을 만큼 거칠고 가혹할 것이 분명하다. 비록 그 교사의 엄격한 행동이 열의에서 비롯된 것이라 하더라도, **성 바울**의 말씀처럼 인간의 불완전함을 도외시하는 행동은 지혜롭지 못하다. 반면에 인간의 나약함을 지나치게 동정한 나머지 아이들을 하고 싶은 대로 행동하도록 내버려 둔다

면, 그 결과는 버릇없고, 나태하고, 제어가 어려운 볼품없는 모습일 테다. 그러므로 **엄격함**이 **난폭함**으로 흐르지 않고, **관대함**이 **무기력함**으로 비추지 않도록 조심해야 한다.[52]

- 註解

[1줄] **학교에서 하는 가장 중요한 일** 라 살의 주장에 따르면, 학생들의 잘못된 행동을 바로잡는 일이다. 그러나 교육의 역사를 되짚어 보았을 때 학교의 주된 임무가 언제나 교정(矯正)에 있었던 것은 아니다. 일례로 고대인들은 학교에서 주로 가르치는 일에 전념하였고, 훈육은 가정에서 아버지 또는 자녀의 등하교를 책임졌던 교복(敎僕)의 몫이었다.

[5-6줄] **성인들(saints)** 기독교 성인들을 말한다. 라 살이 교육개혁자이기 전에 성직자였음을 기억하라.

[11줄] **성 바울(saint Paul)** 초기 기독교 사제이다. '예수가 없었다면 바울도 없었겠지만, 바울이 없었다면 기독교도 없었다'라는 말에서 알 수 있듯이 기독교 신학의 토대를 쌓은 인물이다.

[15줄] **엄격함(fermeté), 난폭함(dureté), 관대함(douceur), 무기력함(langueur, mollesse)** 교사가 그 사이에서 중용의 자세를 견지해야 한다는 가르침이다.

053

학문과 국민성
롤랭: 학문탐구론
(Rollin: Traité des études)

롤랭(Charles Rollin)은 1661년에 태어나 1741년에 죽은 프랑스의 역사가이자 교육자이다. 롤랭은 1726-1731년에 『학문탐구론(Traité des études)』을 출판하였다. 이 책에서 롤랭은 고래(古來)로 학문의 이점을 논의하였고, 그 범위와 방법을 구체적으로 언급하였다. 롤랭은 전통적인 자유학예 말고도 프랑스의 언어와 역사를 학문의 범주 안에 추가하였는데 당시로는 매우 혁신적인 시도였다.

¶. 학문의 발달 정도에 따라 국민성은 달라진다. 학문이 성행하는 나라에서는 사람들의 성향과 품성이 부드럽고, 정부 형태가 우수하며, 법률제도가 인간적이다. 사람들은 학문의 도움을 받아 일찍이 그들을 괴롭혔던 어둠에서 벗어나고 그들의 타고난 거친 본성을 내던진다. 세상 모든 사람의 마음은 서로 크게 다르지 않다. 사람들 사이에 발생하는 차이는 단지 학문 수준의 높고 낮음 때문이다. 학문을 진흥시키는 노력에 비례해 국가들은 융성하거나 쇠퇴하고, 어둠에서 벗어나거나 다시 어둠 속으로 가라앉는다. **국가의 운명**은 학문에 달려 있다. 인간의 역사에서 그 예를 찾을 것도 없다. 자연에서 그런 일은 흔하다. 가령 두 개의 엇비슷한 땅은, 그것이 개간된 것인지 아닌지에 따라 큰 차이를 보인다. 개간하지 않은 땅은 아무렇게나 방치되어 토질이 거칠고 주변이 잡풀과 가시덤불로 덮여 있다. 반면에 잘 개간된 땅은 각종 곡물과 열매들로 풍성하고 온갖 아름다운 꽃들로 가득하다. 그 땅은 좁은 둘레 길을 희귀한 예쁜 꽃

들로 꾸미고, 농부의 정성으로 서로 다른 계절과 지역의 모든 아름다움을 한 자리에 축소해 놓았다. 이와 마찬가지로 **우리의 마음**도 거기에 들인 수고만큼 이자를 덧붙여 보상한다. 마음은 삶의 숭고한 목적을 아는 인간이라면 누구나 잘 관리해야 하는 이로운 땅이다. 마음은 불멸의 산물을 낳는 비옥한 땅으로서 그 자체로 돌볼 가치가 있다.[53]

• 註解

8줄 **국가의 운명** 학문을 가르치고 배우는 일에 열심인 국가는 흥하지만 그렇지 않은 국가는 쇠퇴한다는 교육입국의 변(辯)이다. 학문의 힘으로 국민성의 순화가 가능하다는 롤랭의 주장을, 그로부터 이십여 년 뒤 학문과 예술의 발달이 인간성의 타락을 가져온다는 루소(J. J. Rousseau)의 주장과 비교하면 흥미롭다.

15줄 **우리의 마음** "거기에 들인 수고만큼 이자를 덧붙여 보상한다(payés avec usure du soin que nous prenons de le cultiver)"라는 롤랭의 표현이 의미심장(意味深長)하다. 롤랭은 마음의 도야를 땅의 개간에 비유하면서 마음이라는 비옥한 땅에 학문이라는 씨앗을 뿌려 농부의 정성으로 키우라고 주문하였다.

054

인문학의 목적
비코: 신학기 강연
(Vico: Le orazioni inaugurali)

비코(Giambattista Vico)는 1668년에 태어나 1744년에 죽은 이탈리아의 철학자이자 수사학자이다. 비코는 1699년부터 1707년까지 나폴리 대학에서 여섯 차례에 걸쳐 신학기 강연(prolusioni universitarie)을 진행하였다. 이 일련의 강연에서 비코는 데카르트주의(Cartesianism)로 명명되는 추상적인 합리주의를 비판하면서 인문주의 교육과정의 가치와 목적을 강조하였다. 비코의 목적은 고대의 인문주의 교육을 되살려 지혜로운 인간을 길러내는 데 있었다.

¶. 지혜로움은 세 가지 역할을 한다. 언변의 힘으로 어리석은 사람들의 충동적인 행위를 억제하고, 철학적 신중함으로 그들의 잘못을 바로잡으며, 도덕적 행동으로 그들의 호의를 얻는다. 나는 이러한 방식으로 인류 사회에 봉사하는 지혜로운 사람들이 인간을 뛰어넘어 신에 버금가는 매우 뛰어난 존재들이라고 생각한다. 그러한 사람들은 꾸미거나 일시적인 것이 아닌 확고하고 참된 영예를 누린다. 확실히 남들보다 뛰어난 업적을 남긴 사람들의 명성은 멀리까지 널리 퍼진다. 오직 이러한 이유에서 지혜로운 시인들은 거문고를 켜서 들짐승을 길들인 **오르페우스**의 이야기와 노래와 연주로 바위를 움직여 테베의 성벽을 쌓은 **암피온**의 이야기를 지어냈다. 이야기에 등장하는 **리라와 돌고래**는 공적을 인정받아 하늘로 올라가 별자리가 되었다. 한편 바위와 나무판과 들짐승은 어리석은 사람들에 해당한다. 오르페우스와 암피온은 뛰어난 말솜씨로 신과 인간의 모든 지식을 한데 모은 지혜로운 사람들이다. 그들은 서로 흩어져 있던 사

람들을 결집하여 자기애를 인류애로, 게으름을 유목적적 활동으로, 무
절제한 방종을 법으로 옭아맸다. 그리고 강자와 약자에게 똑같은 권리를   15
부여함으로써 모두를 하나로 묶었다. 이러한 지혜로움이 언제나 **이들 학
습**의 가장 참되고, 장대한, 그리고 중요한 목적이다.[54]

- **註解**

8줄 **오르페우스(Ὀρφεύς)** 그리스 신화에 나오는 최고의 음악가다. 특히 리라[거문고]를 연주하면서 노래하면 사람은 물론 목석도 춤을 추고 맹수도 얌전해졌다고 말해진다. 저승 세계로 내려가 아내 에우리디케(Εὐρυδίκη)를 데려오는 비극적 이야기의 주인공이기도 하다.

9줄 **암피온(Ἀμφίων)** 그리스 신화에 나오는 제우스(Ζεύς)의 아들이다. 태어나자마자 산에 버려져 양치기가 키웠다. 나중에 테베의 왕이 되었다. 음악적 재능이 뛰어나 테베의 성벽을 쌓으면서 리라를 연주하자 돌들이 저절로 움직여 성벽이 완성되었다고 전해진다.

10줄 **리라와 돌고래** 리라가 하늘로 올라가 거문고자리가 되었다는 말은 오르페우스와 암피온의 이야기를 떠오르게 한다. 그러나 돌고래가 하늘로 올라가 돌고래자리가 되었다는 말은 그리스 제일의 리라 연주자였던 아리온(Ἀρίων)을 구한 돌고래의 이야기에서 비롯된 것이다.

16-17줄 **이들 학습(horum studiorum)** 인문학을 말한다. 당시에는 데카르트식 합리주의와 과학적 담론이 성행하면서 인문학은 논리적이고 수학적인 진리를 논할 수 없는 변두리학으로 전락하였다. 그러나 비코는 인문학의 지혜(sapientiae)로 무장된 사람들이 그들의

뛰어난 화술(eloquentia)과 철학적 통찰력(prudentia), 그리고 도덕적 행위(virtute)를 기반으로 만드는 역사적 세계만이 우리가 참으로 이해할 수 있는 진리라고 주장하였다. Verum ese ipsum factum.

055

교육은 정부의 일
라 샬로테: 국가교육론
(La Chalotais: Essai d'éducation nationale)

라 샬로테(Louis-Réné La Chalotais)는 1701년에 태어나 1785년에 죽은 프랑스의 법률가이다. 라 샬로테는 1763년에 『국가교육론(Essai d'éducation nationale ou Plan d'études pour la jeunesse)』을 출판하였다. 이 책에서 라 샬로테는 교회가 교육의 문제에 간섭해서는 안 되고, 정부가 국가교육의 주도권을 가져야 한다고 주장하였다. 라 샬로테는 종교적인 색채가 짙은 예수회(jésuite) 교육에 비판적이었다.

¶. 오늘날 학식 있는 사람들은 모두 **교회 밖에** 있다. 동시에 성직자의 수가 부족하다는 불만의 목소리가 사방에서 들려온다. 상황이 이러한데 왜 성직자를 계속해서 대학교수나 학교교사로 임용하는가? 주변을 보면, 도시에는 빈둥거리며 소일하는 성직자들이 많다. 반면에 시골에는 성직자가 없는 교구가 흔하다. 성직자들이 시골 생활을 꺼리기 때문이다. 도시에는 성직자들이 할 수 있는 새로운 일들이 많다. 그들은 마음만 먹으면 언제든 다른 방식의 삶을 살 수 있다. 오늘날 국가가 직면한 심각한 문제 중 하나는 성직자들이 국가의 권위 뒤에 숨어 무책임한 행동을 일삼는다는 것이다. 다른 것은 몰라도, 아이들에게 학문을 가르치는 일은 전문적인 학식을 갖춘 사람들에게 맡겨야 한다. 일반적으로 성직에 몸담은 사람들은 이러한 범주에 속하지 않는다. 물론 나는 대학과 학교에 있는 많은 성직자가 교육을 잘 받고, 매우 유능한 교사들이라는 사실을 알고 있고, 주위의 말씀씨 좋은 성직자들이 수도원적인 편견에서 자유로운

보통 시민들이라는 사실도 모르는 바 아니다. 그럼에도 나는 교회 밖에
있는 많은 학식 있는 사람들이 가르치는 일로부터 배제되는 부당한 현실
을 지적하고 싶다. 내 목적은 **국가교육**의 주도권을 정부의 손에 쥐여주
는 것이다. 모든 국가는 자국의 시민들을 교육하는 양도할 수 없는 권리
를 가지고 있고, 각 국가의 아이들은 [교회가 아닌] 정부에 속한 사람들
로부터 교육을 받아야 한다.[55]

- 註解

  1줄 **교회 밖에** 성직을 맡지 않은 평신도(des laïques)를 가리킨다.

  16줄 **국가교육** 가톨릭 국가였던 프랑스에서는 교육이 오랫동안 예수회
  의 수중에 있었다. 그러나 18세기 중반에 예수회가 프랑스에서 추
  방되면서 세속적인 국가교육에 대한 논의가 등장하였다.

056

젊은이의 마음을 경작하라
프랭클린: 젊은이를 위한 교육 제안서
(Franklin: Proposals Relating to the Education of Youth)

프랭클린(Benjamin Franklin)은 1706년에 태어나 1790년에 죽은 미국의 정치가이자 교육 개혁자이다. 프랭클린은 1749년에 『젊은이를 위한 교육 제안서(Proposals Relating to the Education of Youth in Pensilvania)』를 저술하였다. 이 제안서에서 프랭클린은 필라델피아의 부유한 상인들과 저명인사들에게 고등교육기관을 세우는 일에 동참해 줄 것을 호소하였다. 프랭클린의 노력은 1751년에 필라델피아 아카데미[펜실베이니아 대학]의 설립으로 이어지면서 결실을 보았다.

¶. 여가와 공적인 정신을 가진 사람들은 공동으로 조합을 설립한 뒤에 젊은이를 교육하는 **아카데미**를 세우고, 그것을 감독하고, 교사를 선발하고, 규정을 만들고, 기부금을 모으고, 토지를 구매하고, 그리고 그들의 사업에 동참할 사람들을 모집해야 한다. 조합원들은 그들의 아카데미를 자주 방문해서 젊은이를 격려하고, 교사들에게 지지와 성원을 보내고, 교육의 성공과 학교 평판의 제고를 위해 최선을 다해야 한다. 조합원들은 학생들을 친자식처럼 여기면서 사랑으로 대하고, 그들이 학업을 마치고 사회로 진출하면 직업을 구하고 결혼을 하고 세상에 정착하는 것을 힘껏 도와주어야 한다. 만일 사람들이 다른 여흥 거리보다 꽃가꾸기, 나무재배, 접붙이기, 토지개량과 같은 실용적인 일을 좋아한다면, 그들은 젊은이의 마음을 경작하는 훨씬 쓸모 있는 일에 관심을 두지 않을 수 없다. **톰슨**은 말한다. "인간이라는 꽃이 만개하는 즐거움이란, 조그만 이성이 성큼 자라나, 부지런히 돌보아 달라고 채근대는 것, 멋진 일이지 않은

가! 저 여린 아이의 생각을 농익게 만드는 것, 그 마음에 생기발랄한 가르침을 주고, 상큼한 기운을 내뱉도록 하는 것, 가슴속에 영글어가는 인자함과 함께."[56]

• 註解

2줄 **아카데미(ACADEMY)** 1751년에 세워진 필라델피아 아카데미를 말한다. 나중에 펜실베이니아 대학으로 발전한다. 프랭클린은 당시 미국 식민지 도시들 가운데 가장 크고 번성하였던 필라델피아에 '세속적인' 고등교육기관의 설립을 추진하였다. 프랭클린의 목적은 장차 이 도시를 책임질 상공인과 정치 관료를 양성하는 데 있었다.

12줄 **톰슨(James Thomson)** 18세기 영국 스코틀랜드 출신의 시인이자 극작가이다. 톰슨은 그의 대표작『사계절(The Seasons)』을 1726년부터 1730년까지 겨울-여름-봄-가을 순서로 발표하였다. 프랭클린의 자료는 톰슨의『사계절: 봄』1146-1155.

057

소극적 교육
루소: 에밀
(Rousseau: Émile, ou De l'éducation)

루소(Jean Jacques Rousseau)는 1712년에 태어나 1778년에 죽은 스위스의 철학자이자 저술가이다. 루소는 1762년에 교육 소설 『에밀(Émile, ou De l'éducation)』을 출판하였다. 『에밀』에서 루소는 자연에 따르는 교육을 강조하였다. 루소는 아이의 발달 단계를 염두에 두면서 '내일'이 아닌 '오늘'을 위한 교육을 하라고 충고하였다. 루소의 『에밀』은 18세기 자연주의 교육사상을 대표하는 저작이다.

¶. **최초의 교육은 소극적이어야 한다.** 덕이나 진리를 가르치기보다 마음을 악과 잘못으로부터 보호해야 한다. 이성이 잠자고 있는 열두 살 때까지 아이가 하는 대로 내버려 두면서 그를 좌우 구분도 못 하는 무지한 상태로, 그러나 튼튼하고 건강하게 키운다면, 이성이 깨어나는 열두 살부터 당신은 아이를 잘 가르칠 수 있다. 편견과 관습에 물들지 않은 아이의 마음은 당신의 가르침을 그대로 수용한다. 당신의 돌봄을 받으면서 아이는 곧 가장 지혜로운 사람이 된다. 처음에 **아무것도 하지 마라.** 그러면 마지막에 교육의 경이로움을 목격하리라. **일상적인 것과 꼭 반대로 하여라.** 그러면 언제나 바르게 행동할 테다. 우리는 아이를 아이가 아닌 학식 있는 어른으로 만들고 싶은 욕심에 너무 일찍부터 잔소리하고, 고치고, 꾸짖고, 겁주고, 달래고, 가르치고, 설득하는 일에 매달린다. 더 좋은 방법은 이치에 맞게 행동하고 아이를 이성으로 옭아매지 않는 것이다. 특히 아이가 싫어하는 것을 이성으로 강제하지 마라. 이성이 항상 즐

겁지 않은 일과 관련되면, 아이는 이성을 싫어하게 되고, 그의 마음에 일
찍부터 이성에 대한 불신이 싹트기 때문이다. 아이의 몸, 팔다리, 감각,
근육을 단련하라. 그러나 아이의 마음만은 되도록 가만히 두어라. 분간
할 수 없는 상념은 멀리하고, 낯선 감정은 삼가라. 악한 것을 예방하려고
선한 것을 서둘러 주입하지 마라. 이성이 깨어나야 선을 행할 수 있다.
미룰 수 있을 때까지 미루는 것이 상책이다. 그때가 되면 더 많은 것을
이룰 수 있을 테니까. 어린 시절이 아이들과 함께 농익도록 내버려 두어
라. 한마디로, 아이들에게 내일 주어도 무방한 것을 굳이 오늘 주려고 서
두르지 마라.[57]

• 註解

1줄 **최초의 교육은 소극적(négative)이어야 한다** 루소의 '소극적 교육'
의 개념이다. 아이가 태어나서 열두 살이 될 때까지는 앞으로 있
을 교육을 준비하는 기간이고, 이 시간대에 가장 중요한 과제는
아이가 타락하여 악에 물들지 않도록 자연의 선한 본성을 지키고
보호하는 일이다.

7줄 **아무것도 하지 마라(par ne rien)** 루소식 소극적 교육의 강령이다.

8-9줄 **일상적인 것과 꼭 반대로 하여라(Prenez le contra-pied de l'usage)** '파괴자' 루소의 악명 높은 외침이다. '개혁'이 아니라 '혁명'
이 루소의 충고였음을 말해준다.

19줄 **미룰 때까지 미루는 것이 상책이다(Ragardez tous les délais comme des avantages)** 루소는 자연의 시간을 재촉하지 말고 기다리라고 말
한다. 인간의 발달 단계에 따라 교육의 범위와 방법을 결정하라는
요구다.

058

자연의 방법
루소: 신 엘로이즈
(Rousseau: Julie, ou La nouvelle Héloïse)

루소는 1761년에 『신 엘로이즈(Julie, ou La nouvelle Héloïse)』를 출판하였다. 아벨라르와 엘로이즈의 중세 연애담을 떠올리는 이 로망스는 알프스의 두 연인이 주고받는 일련의 편지 글이다. 『신 엘로이즈』에서 루소는 편지의 형식을 빌려 사회 문제를 폭넓게 고찰하였다. 교육적인 관점에서, 루소는 『신 엘로이즈』 5권에서 주인공 줄리의 입을 통해 가정교육의 이상을 밝혔다. 기본적으로 루소는 '자연으로 돌아가라'는 『에밀』에서의 주장을 반복하였다.

¶. **줄리**의 말은 이어졌다. "**자연**은 우리가 아이들을 어른들이 아닌 아이들처럼 다루기를 원한다. 우리가 자연의 질서를 마음대로 어긴다면, 우리는 덜 익어 맛도 없고 곧 썩어 버릴 과일만 얻을 테다. 앳된 현자에 늙은 아이만 있다고 할까. **아동기에는 그 나름대로 보고, 생각하고, 느끼는 방식이 있다.** 그것을 우리의 방식으로 대체하는 것만큼 어리석은 짓도 없다. 열 살 된 아이에게 판단력을 요구하느니 차라리 그 아이의 키가 오척(五尺)이 넘기를 바라겠다. 몸이 어느 정도 발달하고 나서야 이성은 발달하기 시작한다. 자연의 계획은 몸을 튼튼하게 만든 뒤에 마음의 활동을 촉진하는 것이다. 아이들은 잠시도 가만히 있지 않는다. 휴식과 사색은 그들 나이에 어울리지 않는다. 학구적이고 정적인 생활은 아이들의 성장과 즐거움을 방해한다. 아이들은 몸도 마음도 구속받는 것을 싫어한다. 책만 가득한 방에 아이들을 데려다 놓으면, 그들은 곧 생기를 잃고 병약해진다. 이성적인 존재는커녕 멍청한 얼뜨기가 된다. 그리고 평생

영혼은 허약한 몸 때문에 우울함을 떨쳐내지 못한다."[58]

• 註解

1줄 **줄리(Julie)** 『신 엘로이즈』에 나오는 여자 주인공이다. 이 책 5권에서 루소는 줄리의 입을 빌려 아이가 태어나서 이성의 나이에 이르기까지 가정에서 받는 교육에 관해 이야기하였다.

1줄 **자연** 루소 교육학의 키워드다. 루소가 자연으로 돌아가라고 외쳤을 때, 그는 최소한 다음의 두 가지 점을 염두에 두었던 것으로 보인다. 첫째, 자연의 본성에 충실하게 교육하라. 둘째, 자연의 순서에 따라 교육하라.

4-5줄 **아동기에는 그 나름대로 보고, 생각하고, 느끼는 방식이 있다** 루소를 아동교육의 발흥자로 만든 구절이다. 『에밀』 2권에도 같은 표현(L'enfance a des manieres de voir, d penser, de sentir, qui lui sont propres)이 나온다.

059

공교육의 원리
루소: 정치경제론
(Rousseau: Discours sur l'économie politique)

루소는 1755년에 「정치경제론(Discours sur l'économie politique)」을 저술하였다. 이 글은 디드로(D. Diderot)의 『백과전서(L'Encyclopédie)』에 실렸다. 「정치경제론」에서 루소는 그의 '일반의지(volonté générale)' 개념을 처음 소개하였다. 교육적인 관점에서, 「정치경제론」은 사회주의 교육관을 표방한 최초의 근대 저작이다. 이 논고에서 루소는 국가의 교육적 책임을 강조하면서 모두에게 평등한 공교육 제도의 설립을 주장하였다.

¶. 국가가 아버지의 자리에서 아버지의 중요한 역할을 대신 수행하면서 아버지의 의무에 따른 권리를 주장한다면, 아버지는 국가의 권위를 인정하고 자신의 이름을 아버지에서 시민으로 변경해야 한다. 그동안 아버지라는 이름으로 독점하였던 아이들에 대한 권위를 시민이라는 이름으로 국가와 공유해야 한다. 그리고 아버지라는 자연의 이름만큼이나 법의 이름으로 말할 때도 주의를 기울여야 한다. 정부가 정한 규칙과 주권자가 임명한 사람들의 통제를 받는 **공교육**은 국민국가의 중요한 원칙 중 하나다. 만일 아이들을 평등의 이념 아래서 공동으로 양육한다면, 만일 아이들에게 국가의 법과 '**일반의지**'의 정신을 불어넣는다면, 만일 아이들에게 다른 무엇보다도 국가의 법과 일반의지의 원리를 존중하도록 가르친다면, 만일 아이들이 어머니의 다정함과 사랑과 헤아릴 수 없는 은혜 그리고 그에 대한 보답을 생각나게 하는 실례들을 주변에서 항상 접한다면, 그들은 틀림없이 서로를 형제들처럼 소중히 여기고, 사회의 의지에 반하

는 욕구를 삼가고, 소피스트들의 무익하고 헛된 말장난을 대신해 인간과
시민으로서 책임 있게 행동할 것이다. 그리고 아동기의 터널을 지나 언
젠가 자신들의 차례가 왔을 때 기꺼이 국가의 수호자들과 아버지들이 될
테다.[59]

- 註解

7줄 **공교육(L'éducation publique)** 시민을 만드는 교육이다. 모두가 평등하고 국민이 주인인 국가에서 교육은 시민을 만드는 공적인 일이다. 루소의 정치철학과 교육철학이 중첩되는 대목이다.

9줄 **일반의지(volonté générale)** 루소 정치철학의 키워드다. 국민국가에서 정치권력은 국민 개개인이 자신의 의지를 잠시 양도한 일반의지에 갈음한다. 후일 루소는 개별의지와 일반의지의 개념을 가지고 일반 대중과 위정자 간의 사회계약을 설명하였다.

060

대학교육의 이념
디드로: 러시아 정부를 위한 대학 계획
(Diderot: Plan d'une université pour le gouvernement de Russie)

디드로(Denis Diderot)는 1713년에 태어나 1784년에 죽은 프랑스의 철학자이자 저술가이다. 디드로는 만년(晚年)에 러시아를 방문하고, 예카테리나 2세(Екатерина II)를 위해 『러시아 정부를 위한 대학 계획(Plan d'une université pour le gouvernement de Russie)』(1775)을 저술하였다. 이 논고에서 디드로는 국민 모두에게 문이 열려 있는 보편적이고 실제적인 대학을 구상하였다. 『러시아 정부를 위한 대학 계획』은 1813(4)년에 처음 출판되었고, 1875년에 디드로 전집에 실렸다.

¶. 대학의 문은 국가의 모든 아이에게 '**차별 없이**' 열려 있어야 하고, 그곳에서 국가의 녹(祿)을 받는 대학교수들은 가장 기본적인 지식을 탐구해야 한다. 위에서 '차별 없이'라는 말을 사용한 이유는 사회의 하위 계층을 무지한 사람들로 간주하는 것이 근거가 없을 뿐만 아니라 매정한 일이기 때문이다. 자신들이 속한 계층에 상관없이 모든 사람이 얻을 수 있는 지식이 있다. 범부의 초가가 제왕의 궁전보다 그 수가 만 배는 더 많으므로 제왕의 궁전보다 오히려 범부의 초가에서 천부적인 재능과 덕을 소지한 사람들이 배출될 확률이 만 배는 더 높다. 모두에게 필요한 지식은 덕인가? 그렇다, **덕**이다. 왜냐하면, 이성적 능력, 개화된 정신, 그리고 의지력이 인간을 진정 가치 있는[인간다운] 존재로 만들기 때문이다. 정의로움을 모른 채 가치 있는 사람이 될 수 있는가? 정신의 계발 없이 정의로운 사람이 될 수 있는가? 아이의 요람이 빈궁할수록 부모는 교육의 필요성을 절감한다. 그런 집 아이는 일찍부터 열심히 공부한다. 그는 어려서

부터 삶의 노동에 익숙하므로 공부의 피곤함 정도는 쉽게 이겨낸다. 가난한 집 부모는 아이를 가차 없이 혼내면서 부유한 집 부모가 할 수 없는 일을 한다. 반면에 집안에 물려줄 재산이 많은 아버지와 어머니는 아이에 대한 부주의함과 애처로움에 사로잡혀 그 아이의 교육을 망친다.[60]

• 註解

1줄 **차별 없이** 젊어서 가난하였던 디드로는 딸아이를 시집보내면서 예카테리나 2세의 도움을 받았다. 노년에 디드로는 보은(報恩) 차원에서 직접 러시아를 방문해 예카테리나 2세의 대학 개혁에 힘을 보탰다. 예카테리나 2세가 프랑스의 선진 계몽사상을 수용해 낙후한 러시아를 개혁하는 데 관심이 있었던 만큼, 디드로는 모두에게 평등한 교육이라는 18세기 프랑스 계몽주의자들의 슬로건을 러시아의 대학교육에도 적용하였다.

9줄 **덕(vertu)** 고대 그리스어로 덕은 아레테(αρετη)다. 모든 것이 저마다 가지고 있는 탁월한 성질을 가리키는 말이다. 디드로와 같은 18세기 계몽주의자들은 인간의 덕, 즉 우수함을 이성, 정의, 평등과 같은 도덕적인 특질에서 찾았다. 디드로가 대학에서는 가장 기본적인 지식을 가르쳐야 한다고 제안하였을 때, 그것은 도덕적 탁월성을 가르쳐야 한다는 주장과 다르지 않았다. 지식은 덕이라는 소크라테스식 명제로의 회귀다!

061

자유, 선택, 경쟁
스미스: 국부론
(Smith: The Wealth of Nations)

스미스(Adam Smith)는 1723년에 태어나 1790년에 죽은 영국의 도덕철학자이자 정치경제학자이다. 스미스는 1776년에 『국부론(An Inquiry into the Nature and Causes of the Wealth of Nations)』을 출판하였다. 『국부론』은 정치경제학의 시작을 알리는 책이지만, 교육적인 관점에서도 중요하다. 스미스는 『국부론』 5권에서 자연적 자유의 개념을 교육에 적용하면서 오늘날 유행하는 말로 '수요자중심교육'을 옹호하였다.

¶. 외부의 장학금과 기금을 받아 공부하는 학생들은 미리 정해진 **학료(學寮)**에 입학해야만 한다. 그들에게는 학문적인 특징에 따라 **학료를 선택할 수 있는 권리**가 없다. 만일 이러한 학생들이 그들이 가고 싶은 학료를 자유롭게 선택할 수 있다면, 그러한 자유로부터 **학료들 간의 경쟁**이 촉발된다. 이와 반대로 자기 돈을 내고 공부하는 학생들조차 그들의 모(母)학료를 자유롭게 변경할 수 없다면, 그러한 규제는 학료들 간의 경쟁을 소멸시킨다. 만일 각 학료에서 담당 교수를 학생이 선택하는 것이 아니라 그 학료의 장이 지정하는 것이라면, 그리고 만일 학생이 게으르고 무능한 지도 교수를 다른 지도 교수로 변경하는 데 어려움을 겪는다면, 그러한 규제는 학료 교수들 상호 간의 경쟁을 감소시키고, 나아가 교수들이 학생들에게 보여주는 근면과 관심의 정도를 약화시킨다. 그러한 교수들은 학생들로부터 수업료를 충분히 받고 있으면서도, 마치 학생들에게 무급으로 봉사하는 것처럼, 아니면 학생들의 수업료와 관계없는 봉급

생활을 하는 것처럼, 학생들의 교육을 등한시한다.[61]

• 註解

1-2줄 **학료** 영어 '칼리지(college)'의 번역이다. 원래 칼리지는 교수와 학생이 함께 자고, 먹고, 공부하면서 기거하던 장소(collegium)였다. 영국 옥스퍼드 대학에는 설립자와 설립연도가 서로 다른 수십 개의 학료가 있었는데, 스미스의 모학료는 배리올(Balliol) 칼리지였다.

2-3줄 **학료를 선택할 수 있는 권리** 오늘날로 치면, 교육 수요자의 학교 선택권이다. 스미스 자신의 옥스퍼드 시절의 경험이 묻어난다. 스미스는 스코틀랜드에서 장학금(a Snell Exhibition)을 받고 옥스퍼드의 배리올 칼리지에 입학하였다. 처음부터 모학료를 선택할 수 없었던 스미스는 중간에 학료를 변경하고 싶었지만, 당시 옥스퍼드에서는 학생들이 학료를 자유롭게 옮겨 다니면서 공부하는 일이 가능하지 않았다.

4줄 **학료들 간의 경쟁** 오늘날로 치면, 교육 공급자들 간의 경쟁이다. 스미스는 교육의 질적(質的) 제고를 위하여 교육 공급자에게는 경쟁을, 교육 수요자에게는 선택을 각각 처방하였다. 교육 분야에서도 전지전능한 시장 신(omnipotent market God)의 '보이지 않는 손(invisible hand)'에 의한 구원을 믿었던 셈이다.

062

교육이 필요한 이유
칸트: 교육에 대하여
(Kant: Über Pädagogik)

칸트(Immanuel Kant)는 1724년에 태어나 1804년에 죽은 독일의 철학자이다. 칸트는 쾨니히스베르크 대학에서 1776년부터 1786년까지 간헐적으로 교육학 강의를 하였다. 칸트의 학생이었던 링크(F. T. Rink)는 자기 강의 노트를 정리해 1803년에 『교육에 대하여(Über Pädagogik)』를 출판하였다. 『교육에 대하여』에서 칸트는 교육을 양육, 훈육, 수업을 포함하는 넓은 도야의 개념으로 이해하면서 인간에게만 이러한 포괄적 의미에서의 교육이 필요하다고 주장하였다.

¶. **인간은 교육이 필요한 유일한 존재이다.** 이때 교육은 양육, 훈육, 수업을 모두 포함하는 **도야**의 개념이다. 인간은 유년기에 양육을, 아동기에 훈육을, 그리고 청소년기에 수업을 각각 받는다. 동물들은 그들에게 부여된 능력을 곧바로 자신들에게 이롭게 사용한다. 갓 태어나 눈도 뜨지 못한 제비 새끼들이 둥지를 더럽히지 않으려고 조심하는 것을 보면 놀랍다. 동물들에게는 양육이 필요하지 않다. 기껏해야 먹이와 거처, 안내와 보호가 필요할 뿐이다. 물론 동물 대부분에게 사육이 필요하지만, 이것은 양육과는 다르다. 왜냐하면, 양육은 부모가 자녀들에게 베푸는 세심한 돌봄과 관심을 의미하기 때문이다. 양육을 통해 아이들은 그들의 능력을 자신에게 해롭지 않게 사용하는 법을 배운다. 예를 들어 어떤 동물이 세상에 태어나면서 아이들처럼 울음을 터뜨린다면, 그는 울음소리를 듣고 몰려온 늑대와 다른 야생 동물들의 먹잇감이 된다. 훈육은 동물적인 본성을 인간적인 본성으로 변화시킨다. 동물들은 본능적으로 어떻

게 행동해야 하는지 안다. 그들은 처음부터 모든 것을 갖추고 있다. 이와 달리 인간은 이성의 안내를 받아야 한다. 본능에 기댈 수 없는 인간은 스스로 계획하고 행동해야 한다. 인간은 이 모든 것을 태어나자마자 갑자기 해내지 못한다. 미성숙한 상태로 세상에 나오므로 오랫동안 타인들의 도움에 의존할 수밖에 없다. 인간의 선천적 능력은, 인간이 직접 자신의 노력을 통해 점진적으로 발달시켜 나가야 한다.[62]

• 註解

1줄 인간은 교육이 필요한 유일한 존재이다 교육의 중요성을 말할 때 흔히 인용되는 구절이다. 칸트의 이 주제[교육]에의 관심은 그가 『에밀』을 읽느라 매일 하던 산책을 하루 빼먹었다는 유명한 일화를 통해서도 짐작할 수 있다.

2줄 도야 독일어 '빌둥(Bildung)'의 번역이다. 인간 형성을 뜻한다. 특히 인간 존재의 정신 능력을 형성한다는 의미다. 인간 형성의 상태와 인간 형성의 과정, 그리고 인간 형성의 이상까지를 아우르는 폭넓은 교육의 개념이다.

063

모두를 위한 교육
튀르고: 지방정부 계획안
(Turgot: Le mémoire sur les municipalités)

튀르고(Anne-Robert-Jacques Turgot)는 1727년에 태어나 1781년에 죽은 프랑스의 경제학자이자 정치가이다. 튀르고는 재정총감으로 재직하던 1775년에 루이 16세를 위해 『지방정부 계획안(Le mémoire sur les municipalités)』을 저술하였다. 이 글에서 튀르고는 프랑스 전 지역을 아우르는 국가교육 체제의 수립을 제안하였다. 튀르고는 교육을 통해 중앙과 지방의 국민을 하나로 묶고, 그들을 책임 있는 시민들로 만드는 것이 왕국에 도움이 된다고 주장하였다.

¶. **국가교육위원회**는 국가교육 전체를 관장해야 한다. 그것은 국가의 모든 교육기관이 자기 역할을 하게끔 도와주어야 한다. 오늘날 국가의 교육기관들은 단지 저명한 학자와 고상한 지식인을 양성하는 일에만 관심을 가진다. 그래서 그러한 높은 범주에 속하지 못하는 보통 사람들은 교육의 혜택을 전혀 받지 못하고 있다. **국왕의 권위**와 국가교육위원회의 노력이 함께하는 새로운 교육체제는 **사회의 '모든' 계층**을 대상으로 그들을 유덕하고 쓸모 있는 사람들, 정의로운 영혼과 깨끗한 마음을 지닌 사람들, 그리고 열정 있는 시민들로 만드는 일에 주의를 기울여야 한다. 어려서부터 교육을 잘 받아 경박한 장난보다 학문하는 일에 열심인 사람들은 나중에 강건하고 반듯한 품성을 지닌 인간이 되고, 그런 사람들이 하나둘 모여 저급하지 않은 고상한 기호를 만들고 칭찬할 만한 국가의 도덕적 분위기를 형성한다.[63]

튀르고 143

- 註解

1줄 **국가교육위원회** 프랑스 혁명 이후 국가교육위원회가 결성되어 국가교육의 청사진을 마련하였다. 튀르고의 경우는 프랑스가 아직 왕국이었던 시절에 국가교육위원회(Conseil de l'instruction nationale)를 만들어 국가교육 전체를 관장할 것을 주장하였다. 프랑스 혁명을 십수 년 앞둔 시점이었다.

5줄 **국왕의 권위** 프랑스가 여전히 왕국 시절이었음을 유념하라. 콩도르세(M. Condorcet)가 국왕의 권위에 도전하였던 시기는 프랑스 혁명기였다(infra, 147).

6줄 **사회의 모든 계층** 18세기 프랑스 계몽주의 사상가들의 교육에의 공헌은 국민교육제도의 성립을 주장하였다는 점이다. 앞서 살펴보았던 루소와 디드로, 지금 살펴보는 튀르고, 그리고 앞으로 살펴볼 콩도르세까지 하나같이 국민 모두를 위한 국가교육론을 전개하였다.

064

사물을 통해 가르쳐라
튀르고: 그라피니 부인에게 보내는 편지
(Turgot: Lettre à Madame de Graffigny)

『그라피니 부인에게 보내는 편지(Lettre à Madame de Graffigny)』(1751)에서 튀르고는 그라피니 부인이 평소 관심을 보였던 몇 가지 사회 문제에 대해 자기 의견을 밝혔다. 이 장문의 편지에 등장하는 튀르고의 교육관은 당시로서는 매우 파격적이었다. 약 십여 년 뒤에 루소가 말했던 '자연으로 돌아가라'는 악명 높은 외침이 이미 튀르고의 편지 속에 담겨 있었음은 흥미롭다.

¶ 1. 질리아는 무엇보다 우리의 교육적 진보를 비웃을 것이다. 그리고 오늘날 우리의 현학적인 교육 세태를 비판할 테다. 우리의 학습은 **자연**을 역행하고 있다. 가장 기본적인 것들을 가르칠 때도 그러하다. 우선, 우리는 아이들의 머리를 추상적인 관념들로 가득 채운다. 사물을 통해 가르치라는 자연의 바람을 거스르며 우리는 아이들이 알아듣지 못하는 말로 그들을 옥죈다. 말은 관념과 함께 제시되었을 때 의미가 드러나고, 관념은 감각적인 사물들을 통해 천천히 우리의 마음속으로 들어온다. 그런데도 우리는 아이들이 그런 것들을 알아서 배우기를 바란다. 다음으로, 우리는 아이들의 상상력을 억누른다. 우리는 아이들의 주변에서 모든 사물을 제거한다. 그런데 자연은 바로 그러한 사물들을 통해 아이들이 세상 만물과 제(諸)학문(천문학, 기하학, 자연사를 망라하여)에 처음으로 눈을 뜨도록 하였다. 오늘날 사람들은 오랫동안 교육을 받은 뒤에도 계절의 변화 방식을 모르고, 동서남북의 방위를 모르고, 주변에서 흔히 보는 동식물

의 이름을 모른다. 우리에게는 자연을 볼 수 있는 눈이 없다. 도덕과 관련해서도 우리의 상황은 크게 다르지 않다. 여기서도 도덕에 대한 일반적인 관념이 모든 것을 망친다. 우리는 아이에게 정의와 절제와 덕에 대해 수없이 반복해 말한다. 그런데 정작 아이의 머릿속에는 덕에 대한 관념이 전혀 들어있지 않다. 그러므로 당신의 아들에게 덕에 대해 말하지 말고, 그가 덕의 즐거움을 몸소 경험하도록 하여라. 자연이 그에게 심어 준 [도덕적] 감성의 씨앗을 계발하라. 어떻게 보면 우리의 경계 대상은 자연이 아닌, 우리 자신의 교육인지도 모른다. 아이를 참되고 자유롭고 인정(人情, 인간의 마음을 살필 줄 아는) 넘치는 길로 데려가라. 덕이라는 소중한 씨앗은 주변의 열린 공간 속에서 스스로 자라나야 한다. 그 씨앗을 지푸라기 더미나 나무 틀 속에 가두어 숨 막히게 하지 마라.[64]

- **註解**

1줄 **질리아(Zilia)** 그라피니 부인의 소설 『페루 여인의 편지(Lettres d'une Péruvienne)』(1747)에 등장하는 여자 주인공이다. 이 소설은 이방인의 시각에서 프랑스 사회의 부조리한 측면을 고발한 작품으로 당대 베스트셀러였다. 그라피니 부인의 요청으로 튀르고는 그 소설에 대한 자기 의견을 편지 형식으로 전달하였다.

2줄 **자연** 튀르고는 루소보다 열다섯 살이 어렸으나, 루소보다 십여 년 앞서 '자연의 방법을 따르라'는 강령을 내세웠다. 루소가 1760년을 전후로 저술한 두 편의 교육 논고에서 자연으로 돌아갈 것을 주장하였다면, 튀르고는 이미 1751년에 그와 같은 주장을 펼쳤다. 당시 자연으로 돌아가라는 강령이 루소만의 전유물이 아니었음을 암시한다.

065

국가교육의 이상
콩도르세: 공교육의 일반조직에 관한 보고서
(Condorcet: Rapport sur l'organisation générale de l'instruction publique)

콩도르세(Marquis de Condorcet)는 1743년에 태어나 1794년에 죽은 프랑스의 철학자이자 정치가이다. 콩도르세는 1791년에 입법의회 의원으로 선출되고, 이듬해 국가교육위원회에 『공교육의 일반조직에 관한 보고서(Rapport et projet de décret sur l'organisation générale de l'instruction publique)』를 제출하였다. 이 보고서에서 콩도르세는 자유롭고 평등한 공교육을 주장하였다. 콩도르세의 개혁안은 프랑스의 근대 공교육 제도에 초석이 되었다.

¶. 국가의 전체 조직을 계획하면서 우리가 가장 먼저 할 일은 현 상황에서 가장 **평등하고, 보편적이고, 완전한 교육**을 실현하는 것이다. 누구나 모두를 대상으로 하는 그런 교육을 평등하게 받아야 하고, 동시에 누구도 대중교육보다 높은 수준의 교육에서 배제되지 말아야 한다. 이때 전자가 주로 교육을 받은 사람들에게 유익하다면, **후자**는 교육을 받지 않은 사람들에게도 유익하다. 모든 교육의 첫 번째 조건은 진실을 가르치는 것이다. 정부가 세운 교육기관은 **모든 정치적 권위**로부터 자유로워야 한다. 그들의 독립적인 지위와 자유는 그 자체로 절대적인 것이 아니라 **국민의회**의 정신으로부터 나온 것이다. 모든 정치기구 중에서 국민의회가 도덕적으로 타락하고 개인적으로 부패할 가능성이 가장 적고, 계몽정신의 수용에 가장 적극적이며, 무엇보다 일련의 개혁이 분출되는 원점에 있기 때문에, 그곳 사람들은 '이성의 진보'와 불협화음을 내기보다 오히려 인간 정신의 계발을 위해 노력할 것이다. 마지막으로 교육은 학교

를 떠나면 모두 끝나는 것이 아니다. 교육은 모든 연령대의 사람들을 대
15　상으로 한다. 학습이 불가능하고, 이롭지 않은 나이는 없다. 나중에 교육
　　을 더 받아야 하는 이유는 어렸을 때 배운 협소한 내용을 삶의 과정에서
　　보충할 필요가 있기 때문이다.[65]

- 註解

[2줄] **평등하고(égale), 보편적이고(universelle), 완전한(complète) 교육** 지금은 당연한 주장처럼 들리지만, 1792년에 콩도르세의 구상은 매우 새롭고 담대한 것이었다.

[5줄] **후자** 고등교육 체제를 말한다. 고등교육의 혜택이 전국민에게 되돌아간다는 콩도르세의 주장은 선구적이었다.

[7줄] **모든 정치적 권위** 국왕의 교육적 간섭을 말한다. 이를테면 당시만 하더라도 국왕이 교사들을 임명하였는데, 콩도르세는 교사들이 자신들의 동료를 자유롭게 선발할 수 있어야 한다고 주장하면서 기꺼이 '국왕의 적(l'ennemi des rois)'을 자청하였다.

[9줄] **국민의회** 프랑스 혁명 직후 성립되어 프랑스 인권선언을 채택하였다. 1791년 헌법 제정 후 입법의회가 결성되면서 해산하였다. 당시 입법의회 의원이었던 콩도르세는 국가교육위원회에 교육개혁안을 제시하였다.

066

자연에 진리가 있다
페스탈로치: 은둔자의 황혼
(Pestalozzi: Die Abendstunde eines Einsiedlers)

페스탈로치(Johann Heinrich Pestalozzi)는 1746년에 태어나 1827년에 죽은 스위스의 교육자이다. 페스탈로치는 1780년에 그의 친구 이젤린(Isaak Iselin)이 발행하는 잡지 『에페메리데스(Die Ephemerides)』에 「은둔자의 황혼(Die Abendstunde eines Einsiedlers)」을 익명으로 출판하였다. 「은둔자의 황혼」은 노이호프에서의 실험이 실패로 돌아간 뒤에 실의에 빠져 있던 '은둔자' 페스탈로치의 '황혼'의 사색이었다. 「은둔자의 황혼」에서 페스탈로치는 자연에 따르는 삶과 교육에 인간의 행복이 내재함을 강조하였다.

¶. 왜 인간은 원칙도 목적도 없이 **진리**를 추구하는가? 왜 인간은 인생에 기쁨과 행복을 가져다주는 본성의 필요에 귀를 기울이지 않는가? 왜 인간은 평화와 삶의 즐거움이 함께하는 진리를 구하지 않는가? 그 진리로 말미암아 인간은 스스로 만족하고, 힘을 키우고, 하루에 빛을 더하고, 세상살이를 축복으로 여기지 않는단 말인가? 인간은 마음속 깊은 본성의 요구에 응하면서 이러한 진리에 도달한다. 갓난아기는 젖을 먹으면서 어머니가 자기에게 어떤 존재인지 **배운다**. 어머니는 아이의 입에서 '의무'나 '감사'와 같은 말이 나오기도 전에 아이의 마음속에 고마움의 감정인 **사랑**을 심어준다. 이러한 자연스러운 방법으로 아들은 먹을 빵을 주고, 몸을 녹일 난롯가를 만들어 준 아버지를 위해 자식의 의무를 성심껏 수행하고 행복을 느낀다. 만일 인간이 이러한 **자연의 질서**에 따라 진리를 추구한다면, 자신의 현재 위치와 삶의 과정에 적합한 진리를 발견할 것이다. 인간이여! 자연의 길에서 쉼과 평화를 얻어라. 그것이야말로 인간

사의 길잡이고, 안식의 터전이며, 행복의 원천이다.[66]

• 註解

1줄 **진리** 삶 본연의 모습이다. 페스탈로치는 자연이 인간에게 부여한 본성에 충실한 삶을 강조하였다.

7줄 **배운다** 일상생활에서 직관적 경험을 통해 깨닫는다는 의미다. 페스탈로치는 인식의 기초로서 세상에 대한 직관적 이해를 중시하였다(infra, 152).

9줄 **사랑(Liebe)** 페스탈로치 교육학의 키워드다. 어머니의 자식에 대한 사랑으로부터 시작해 교사의 학생에 대한 사랑, 그리고 인간의 인류에 대한 사랑까지, 페스탈로치는 교육의 세 마당인 가정, 학교, 사회 모두에서 사랑에 터한 인간교육을 주창하였다. 역사는 사랑의 교육실천가 페스탈로치에게 '교육의 아버지'라는 칭호를 부여하였다.

11줄 **자연의 질서(Ordnung der Natur)** 인간 본성의 필요를 충족하는 것이다. 루소의 흔적을 엿볼 수 있다. 페스탈로치는 이미 대학 시절 루소의 사회개혁론에 심취하였고, 이어 루소의 교육사상에 경도되어 교육 사업을 시작하였다. 페스탈로치에 따르면, 사회개혁은 인간개혁을 전제로 하며, 인간개혁은 자연의 방법에 따르는 가정교육이 그 출발점이다.

067

수(數) · 형(形) · 어(語)를 가르쳐라
페스탈로치: 게르트루트의 자녀교육법
(Pestalozzi: Wie Gertrud ihre Kinder lehrt)

페스탈로치는 부르크도르프 시절인 1801년에 그의 대표작 『게르트루트의 자녀교육법(Wie Gertrud ihre Kinder lehrt)』을 출판하였다. 『게르트루트의 자녀교육법』은 페스탈로치가 그의 친구 게스너(Heinrich Gessner)에게 보내는 열네 통의 편지 형식으로 이루어졌다. 이 책에서 페스탈로치는 아이들의 셈하는 능력, 측정하는 능력, 말하는 능력을 발달시키는 직관적 방법을 소개하였다.

¶. 나는 아이들을 수(數), 형(形), 어(語)를 통해 가르쳐야 한다고 생각한다. 모든 사물은 형태를 가지고 있고, 숫자로 표시되며, 언어를 통해 의식 속으로 들어온다. 그러므로 우리는 다음의 세 가지 원칙을 지켜야 한다. (1) 아이들에게 전체로부터 한 개를 떼어내 그것을 독립적인 개체로 이해하는 것을 가르쳐야 한다. (2) 아이들에게 모든 사물의 형태, 즉 크기와 부피를 가르쳐야 한다. (3) 아이들에게 그들이 알고 있는 사물에 관한 어휘를 신속히 가르쳐야 한다. 이러한 관점에서 아이들의 셈하는 능력, 측정하는 능력, 그리고 말하는 능력을 발달시키는 일이 중요하다. 그것을 통해 아이들은 **감각적인 사물**에 대한 올바른 지식에 도달할 수 있기 때문이다. 우리는 **심리학적인 방법**에 의존해 그러한 능력들을 개발해야 하고, 완벽하고 조화롭게 개발된 그러한 능력들을 아이들의 발달과 교육을 위한 수단으로 사용해야 한다.[67]

• 註解

1줄 **수(Zahl), 형(Form), 어(Sprache)** '수'는 논리적 사고력, '형'은 공간적 지각력, '어'는 언어적 표현력을 각각 뜻한다. 아이의 지적 능력을 계발하기 위한 교육 내용이다. 감각적 사물을 수, 형, 어의 세 가지 측면에서 직관적으로 경험하는 것이 인식의 기초가 된다.

9줄 **감각적인 사물(Anschauungsgegenstände)** 아이는 감관(感官)을 통해 외부의 인상을 받아들이고 그것을 내면화하는 활동을 통해 지식을 얻는다. 페스탈로치의 직관교육의 원리이다.

10줄 **심리학적인 방법** 아이의 발달 단계에 따라 학습의 계열과 범위를 결정하라는 주문이다. 루소의 『에밀』에서의 주장이 생각난다.

068

어머니의 사랑이란?
페스탈로치: 유아교육서한
(Pestalozzi: Letters on Early Education)

페스탈로치는 1818년부터 1819년까지 영국의 사회개혁자 그리브스(J. P. Greaves)에게 유아교육에 관한 서른네 통의 편지를 보냈다. 그리브스는 페스탈로치의 편지들을 1827년에 런던에서 번역·출판하였다. 영어로 먼저 출판된 『유아교육서한(Letters on Early Education)』은 나중에 독일어로 재번역되어 페스탈로치 전집에 실렸다. 페스탈로치는 그리브스에게 보낸 일련의 편지글에서, 아이는 어머니의 젖과 사랑을 함께 먹으면서 자라난다는 자연의 진리를 강조하였다.

¶. 나는 어머니가 **아이의 발달**을 가장 잘 도울 수 있다고 생각한다. 세상 어디에도 어머니보다 아이의 성공을 바라는 사람은 없다. 모성애를 능가하는 힘도 없다. 진실로, 어머니의 사랑은 부드러운 동시에 거침이 없다. 신은 어머니에게 그녀의 임무에 적합한 능력을 부여하였다. 이제 나는 **어머니의 고유한 의무**가 무엇인지 설명하련다. 그것은 어머니의 손이 닿지 않은 곳에 있지 않다. 일정한 수준의 학식과 형식적인 교육을 요구하지도 않는다. 물론 어머니가 그러한 지식을 갖추고 있다면 언젠가 자신의 보물 상자를 열고 아이들에게 마음에 드는 것을 나누어줄 수 있다. 그러나 적어도 지금은 아니다. 유년기에 지식은 어머니의 임무를 수행하는 데 도움이 되지 않는다. 어머니에게 바라는 것이 있다면 분별 있는 사랑이다. 그렇다, 무엇보다 사랑이 필요하다. 사랑은 비록 표출되는 방식은 달라도 늘 한결같아야 한다. 나는 어머니의 사랑이 한없이 넘쳐나기를 바라지만, 동시에 그것이 분별력을 잃지 않았으면 한다. 어머니

들이여 아이들을 사랑하되 자신들의 의무가 무엇인지도 숙고하라.[68]

- **註解**

1줄 **아이의 발달** 페스탈로치는 이른바 머리, 가슴, 손의 전인적 발달을 주장하였다. 아이는 수, 형, 어를 통해 머리를 도야하고, 가정생활을 통해 가슴을 도야하며, 기능의 훈련을 통해 손을 도야한다. 그 방법이 직관(anschauung)에 의한 것이라는 점은 전술한 바와 같다(supra, 150, 152).

5줄 **어머니의 고유한 의무** 아이의 심정적 능력을 발달시켜주는 것이다. 페스탈로치는 가정에서 형성되는 부모와 자녀 간의 신뢰, 순종, 감사, 사랑의 인간관계, 특히 어머니의 분별 있는 사랑(a thinking love)이 중요하다고 주장하였다.

069

국민교육 체제의 수립
피히테: 독일국민에게 고함
(Fichte: Reden an die deutsche Nation)

피히테(Johann Gottlieb Fichte)는 1762년에 태어나 1814년에 죽은 독일의 철학자이다. 프랑스 군대는 1806년 10월 베를린에 입성하였다. 피히테는 조국의 현실을 개탄하면서 1807년 12월부터 이듬해 3월까지 매주 일요일 베를린학술원에서 강연을 하였다. 피히테의 강연 주제는 민족해방을 위한 신교육운동의 개진이었다. 『독일국민에게 고함(Reden an die deutsche Nation)』은 피히테의 열네 차례 강연을 1808년에 책으로 출판한 것이다.

¶. 지금까지 교육은 소수 특권층의 전유물이었다. 공동체를 구성하는 사람들 대부분은 교육을 거의 받지 못하였다. 우리에게는 독일인 모두를 하나로 묶는 **새로운 교육**이 필요하다. 모든 독일인은 하나로 뭉쳐 공동의 이익을 추구해야 한다. 만일 우리가 예전처럼 새로운 도덕적 지표를 만들어 교육받은 계층과 그렇지 못한 대중들을 구분하려 한다면, 대다수 보통 사람들은 공동체를 외면할 것이다. 왜냐하면, 그들의 마음속에 공공(公共)의 희망과 걱정이 하나도 남아 있지 않기 때문이다. 그러므로 우리는 **모든 독일인**을 대상으로 하는 새로운 교육체제를 만들어야 한다. 새로운 교육은 특정 계층을 염두에 둔 것이 아니라, 국민 전체를 위한 것이다. 새로운 교육은 예외를 두지 않으며, 계층의 구분을 허용하지 않는다. 독일 사람들 모두가 교육의 대상이다. 이러한 방식으로 우리는 독일의 참된 국민교육 체제를 완성할 수 있다.[69]

• 註解

3줄 **새로운 교육** 피히테는 독일인 모두를 대상으로 하는 새로운 교육을 통해 당시 분열되어 있던 독일 민족의 통합과 재건을 꿈꾸었다. 독일이 통일국가를 이루고, 피히테의 바람대로 국민교육 체제(deutsche National Erziehung)를 수립한 것은 19세기 후반의 일이었다.

8줄 **모든 독일인(was deutsch ist)** 피히테는 칸트의 벽장에 갇혀 있던 자아를 끄집어내 세계로의 확장을 시도하였다(infra, 166). 자아는 인류 전체의 자아로까지 계속 팽창하지만, 그 과정에서 국가와 민족 단위의 확장이 가장 먼저 이루어진다. 바로 이 지점에서 피히테는 당시 정치적으로 분열 상태에 있었고, 정신적으로 칸트식 자아 개념에 매몰되어 있었던 독일 민족의 진보를 외쳤다.

070

소극적 교육의 문제점
네케르: 진보주의 교육
(Necker: L'éducation progressive)

네케르(Albertine Necker de Saussure)는 1766년에 태어나 1841년에 죽은 스위스의 저술가이자 교육이론가이다. 네케르는 1828-1838년에 『진보주의 교육(L'éducation progressive, ou Étude sur le cours de la vie)』을 출판하였다. 네케르는 칼뱅주의(calvinisme)를 신봉하면서도 여성교육을 옹호한 선구적인 인물이었다. 『진보주의 교육』 1-2권에서 네케르는 아이들을 올바르게 교육하는 방법을 살펴보았고, 3권에서는 여성교육의 문제를 다루었다.

¶. 우리가 계발하고 싶은 특성을 미리 정해 놓는 것이 매우 중요하다. 만일 모든 일을 자연에 맡긴다면, 우리는 자연이 뿌려놓은 씨앗을 함부로 자라나도록 내버려 두는 것이다. 여기에 우리가 그토록 자랑하는 **소극적 교육**의 문제가 있다. "**아무것도 하지 말라**"는 루소의 가르침대로 개선이나 억제를 위한 간섭을 전혀 하지 않았을 때, 우리가 미처 생각하기도 전에 여러 습관이 형성되고, 의도하지 않은 것이 우리가 바라는 것을 재빨리 대신한다. 우리는 교정이나 금지처럼 달갑지 않은 수단들을 어쩔 수 없이 더 적극적으로 사용하면서 강압적인 통제라는 유감스럽고 불확실한 방법에 의존할 수밖에 없다. 타고난 성향을 지지하고 격려하는 교육만 한다면 즐겁겠지만, 그것을 억누르고 제지하는 교육을 어머니는 항상 너무 일찍 시작하고 아이는 종종 너무 늦게 받는다. 나는 **인간의 본성**을 지나치게 좋게만 말하는 아첨꾼들의 주장을 이 자리에서 반박하지 않을 테다. 또한, 인간의 타고난 성향이 모두 적법한 것인지, 우리가 이기

적 또는 악의적이라고 부르는 것이 개인의 자기방어와 보존에 필수불가
결한 것인지도 논의하지 않겠다. 만일 이기심이나 악의를 피하지도 못하
고 제거할 수도 없다면, 그것은 도덕성과 행복에 치명적이므로 교육의
자연스러운 단속 대상이다. 사회적인 상황에서 이기심이나 악의는 늘 넘
쳐나기 마련이므로 그것을 구속하고 통제하는 일은 불가피하다.[70]

- **註解**

  3-4줄 **소극적 교육**(éducation négative) 루소 교육학의 핵심 강령 중 하나
  다. 아이의 이성이 잠에서 깨어날 때까지 참된 의미에서의 교육
  은 아직 시작하지 않는다는 주장이다. 이에 반해 네케르는 훈육
  이라는 이름 아래 아이의 품행을 어려서부터 적극적으로 바로잡
  을 것을 제안하였다.

  4줄 **아무것도 하지 말라** 네케르가 인용한 구절(que rien ne soit fait)은
  『에밀』1권에 나온다. 문맥상, 루소가『에밀』2권에서 소극적 교육
  을 주장하였던 소절(ne rien faire)이 더 적절하다(supra, 131). 루소의
  주장은 말 그대로 아무것도 하지 말라는 것이 아니라, 아이가 아
  직 어렸을 때는 자연의 순수한 본성이 타락하지 않도록 조심하고,
  아이의 신체·감각 능력 및 감성의 발달을 추구하라는 것이다.

  11줄 **인간의 본성** 루소는 인간의 본성이 선하다고 가정하고 있으나, 네
  케르는 인간 본성의 이기적이고 악의적인 측면을 경계하였다. 네
  케르는 인간의 마음속에 있는 이기심과 악의를 되도록 빨리 교육
  을 통해 억누르고 제지하라고 충고하였다.

071

국가교육을 다시 생각하다
훔볼트: 정부의 범위와 역할
(Humboldt: Die Gränzen der Wirksamkeit des Staates)

훔볼트(Wilhelm von Humboldt)는 1767년에 태어나 1835년에 죽은 독일의 철학자이자 교육개혁자이다. 훔볼트는 프로이센 교육체제를 설계한 인물이다. 훔볼트는 1791년에 『정부의 범위와 역할(Ideen zu einem Versuch, die Gränzen der Wirksamkeit des Staates zu bestimmen)』을 완성하였지만, 그 안에 담겨 있는 급진주의적 요소 때문에 출판을 미루었다. 이 책은 훔볼트가 죽은 뒤인 1852년에 출판되었다. 『정부의 범위와 역할』에서 훔볼트는 개인의 자유를 중시하는 이른바 '작은정부론'을 주장하였다.

¶. **국가교육**이 이런저런 정신문화의 함양에 긍정적인 영향을 주지 못한다는 것은 차치하고도, 그 본연의 의무가 인간 능력의 자기발달을 촉진하는 것이라면, 그것은 실행 불가능한 일이다. 통일된 체계는 그에 상응하는 획일적 결과를 낳는다. 그러므로 **이러한 전제**하에서도 국가교육의 유용성은 드러나지 않는다. 만일 국가교육이 필요한 이유가 단지 아이들에게 배움의 기회를 주기 위한 것이라면, 부모가 자녀교육에 관심이 없는 경우에 보호자를 임명하고, 가정 형편이 어려운 아이들에게는 재정적인 도움을 확대하면 그만이다. 이것이 훨씬 더 간편하고 손실을 줄이는 방법이다. 게다가 국가교육은 '국가의 계획에 따른 도덕성의 개조'라는 명시적인 목표를 달성하지 못하였다. 비록 교육의 효과가 크고 인간 행동 전반에 폭넓은 영향을 미친다 하더라도, 가장 중요한 것은 우리를 둘러싸고 있는 삶의 환경이다. 교육의 성공을 위해서는 반드시 주변 환경과의 조화가 선행되어야 한다.[71]

• 註解

1줄 **국가교육(öffentlichen Erziehung)** 국가 주도의 교화(敎化)와는 성격을 달리한다. 훔볼트는 국가의 교육적 간섭을 개별성의 실현이라는 삶의 목적에 귀속시킨다.

4줄 **이러한 전제** 자유의 원칙이다. 훔볼트는 국가의 획일적인 교육체제가 인간 개개인의 자율적인 발달을 침해한다고 주장하였다. 동시대 영국의 자유주의 철학자 밀(J. S. Mill)은 그의 『자유론(On Liberty)』에서 훔볼트의 이러한 자유의 원칙을 되풀이하면서 국가에 의한 교육 독점을 비판하였다(infra, 186).

072

아이들의 생명성
워즈워스: 서곡
(Wordsworth: The Prelude)

워즈워스(William Wordsworth)는 1770년에 태어나 1850년에 죽은 영국의 낭만주의 시인이다. 『서곡(The Prelude)』(1850)은 워즈워스 사후에 출판된 자전적 작품이다. 『서곡』에서 워즈워스는 그의 시적 정신이 세상과 어떤 관계를 맺으며 성장하였는지 탐구하였다. 교육적 관점에서, 워즈워스는 인위적인 지식이 자연적인 삶을 억압한다고 보았다. 죽은 지식에 연연하지 말고 생동감 넘치는 삶을 살라는 시인의 가르침이다.

¶. **진짜배기 아이들**을, 너무 지혜롭지 않은,

　너무 많이 배우지도, 너무 착하지도 않은;

　자유분방하고 생기발랄한, 좋고 싫음을 오르내리는,

　격렬하고, 변덕스럽고, 느긋하고, 모험적이고, 수수하고, 수줍어하는;

　바람에 흔들리는 잎사귀처럼 정신없이 뛰놀고 장난치는;　　　　5

　때론 잘못을 저지르고, 다치고, 그리고 종종

　우리 삶의 알 수 없는 무게에

　고통과 두려움이 있어도, 여전히 행복하고

　세상에서 가장 행복한 자리를 내놓지 않는.

　단순한 생활, 참된 말,　　　　10

　이로 말미암아 그들의 마음은 나날이 굳세질 터!

　책과 자연, 어린 시절의 즐거움이여!

　그리고 지식, 명예로운 것이나,

활력을 잃으면서까지 얻을 것은 아니리라.[72]

• 註解

1줄 **진짜배기 아이들**(a race of real children) 그동안의 교육적 논의들이 이상적이고 당위적인 아이들을 쫓느라 얼마나 분주하고 소란스러웠던가! 워즈워스는 현실계에 존재하는 '진짜' 아이들을 동경하며 그들의 역동적인, 그러면서도 소박하고 진실한 삶에서 진리를 구하였다.

12줄 **책과 자연** 교육이 책에만 파묻혀 지내는 꼬마 학자를 만드는 일이 아니라면, 대자연의 원초적인 생명성을 품은 아이들이야말로 시인의 말대로 '어른의 아버지(father of the man)'인 셈이다.

073

인간성의 개조
오웬: 사회에 대한 새로운 생각
(Owen: A New View of Society)

오웬(Robert Owen)은 1771년에 태어나 1858년에 죽은 영국의 공상적 사회주의자이다. 오웬은 『사회에 대한 새로운 생각(A New View of Society)』을 1812년부터 집필하였고, 1816년에 출판하였다. 이 책에서 오웬은 사회개혁을 위한 자신의 구상을 밝혔다. 특히 오웬은 교육을 사회개혁을 위한 수단으로 보면서 국가가 자라나는 세대의 성격 형성과 지력 개발에 관심을 가져야 한다고 주장하였다.

¶. 각 국가의 정부는 국민의 교육과 **국민성의 발달**을 위한 합리적인 계획을 세워야 한다. 이러한 계획은 유년기의 건강한 습관으로부터 시작한다. 이것은 아이들을 요람에서부터 주변의 거짓과 기만으로부터 보호하는 일이다. 아이들을 합리적으로 교육하고, 그들의 노동을 쓸모 있게 만드는 일이 그 뒤를 따른다. 이러한 습관 형성과 교육을 통해 아이들의 마음에는 종파, 정당, 지역, 사조를 떠나 **모든 개인의 행복 증진**이라는 왕성하고 강렬한 욕구가 자리를 잡는다. 또한, 아이들은 거의 예외 없이 육체적으로 건강하고 활력이 넘치고 생기발랄해진다. 인간은 몸이 건강하고 마음이 평화로울 때 비로소 행복을 느낀다. 그런데 이러한 건강한 몸과 평화로운 마음을 평생 온전하게 유지하기 위해서는 인간 본성에 내재한 심술궂은 성질을 개인의 행복에 방해가 되기보다는 도움이 되는 쪽으로 변화시켜야 한다. 그렇지 않으면, 인류는 그 타고난 얄궂은 기벽(奇癖)으로부터 끊임없이 고통을 받는다.[73]

• 註解

1줄 **국민성의 발달** 앞서 훔볼트의 표현을 빌리면 '국가의 계획에 따른 도덕성의 개조'(supra, 159)를 뜻한다. 일반적으로 자유주의 캠프에서는 개별성의 발달을 위한 교육을, 사회주의 캠프에서는 국민성의 발달을 위한 교육을 중시하곤 하였다. 오웬의 국민교육 프로젝트는 국민성의 발달을 통한 사회개혁에 초점을 맞추었다.

6줄 **모든 개인의 행복 증진** 다분히 유토피안적인 수사(修辭)이지만, 이를 기치로 내건 오웬의 뉴 래너크(New Lanark)에서의 실험은 매우 성공적이었다. 특히 교육적인 관점에서 오웬은 1816년 그곳에 영국 최초의 유아학교(infant school)를 열고 그의 인간성 개조를 위한 프로젝트를 시작하였다. 오웬의 교육사상 및 사회개혁론의 핵심은 어렸을 때부터 인간의 성격 형성에 우호적인 환경을 만드는 것이었다.

074

'밥벌이' 학문이란?
셸링: 학문하는 방법에 대하여
(Schelling: Über die Methode des akademischen Studiums)

셸링(Friedrich Wilhelm Joseph Schelling)은 1775년에 태어나 1854년에 죽은 독일의 철학자이다. 1802년 여름에 셸링은 스물일곱 살의 나이로 예나 대학에서 강연을 하였다. 셸링은 대학 공부의 목적으로서 직업 준비보다 진리 탐구를 강조하였다. 셸링은 대학에서 지식을 탐구하는 방법, 특히 철학을 공부하는 방법에 관심이 있었다. 셸링의 강연은 1803년에 『학문하는 방법에 대하여(Vorlesung über die Methode des akademischen Studiums)』라는 제목으로 출판되었다.

¶ 우리는 공리적인 냄새가 짙은 학문을 **밥벌이 학문**으로 얕잡아 부른다. 그러나 어떠한 학문도 그 자체로 밥벌이 학문은 아니다. 직업적 유용성을 강조하는 학생에게 법학이나 의학이 밥벌이 학문인 것처럼, 철학이나 수학도 그것을 수단으로 생각하는 학생에게는 똑같이 밥벌이 학문이다. 밥벌이 학습의 목적은 단지 학문의 결과만을 배우는 것이다. 이때 원인이나 원리와 같은 것은 앎의 대상이 아니다. 단지 사실적인 지식을 확인하는 시험과 같은 외재적인 목적을 위해 공부할 뿐이다. 이러한 부류의 학생들은 지식을 외재적인, 공리적인 목적을 위해 추구한다. 다시 말해 그들은 자기 자신을 수단적인 존재로 간주한다. 사실, 자기존중감이 높은 사람은 학문을 물질적인 목적을 이루는 기제로 폄하하면서 스스로의 가치를 떨어뜨리지 않는다. 학문에 대한 이러한 접근은, 지식을 자기 것으로 만들지 못하고, 그래서 그것을 제대로 사용하지 못하는 결과를 초래한다. 왜냐하면, 그런 지식으로 무장된 사람은 직관에 호소하기보다

기억에만 의존하기 때문이다. 요즘 대학에는 단편적인 전공 지식으로 무
장된 밥벌이 학자들만 가득하다. 그들에게는 개별적인 것을 세계적인 것
에 포함하여 이해할 수 있는 판단력이 없다. 참된 학문은 **직관**을 길러준
다. 그리고 그것을 통해 세계적인 것과 개별적인 것이 항상 하나라는 사
실을 일깨운다. 반면에 밥벌이 학자들은 직관하는 능력이 떨어진다. 그
들은 개별 상황에서 자기가 배운 것 이상으로 생각할 줄 모른다. 모든 개
별적인 것을 미리 가르쳐줄 수 없으니 그들의 지식은 대부분 쓸모가 없
다.[74]

- **註解**

1줄 **밥벌이 학문(Brotwissenschaften)** '밥벌이' 학문이라고 따로 있는 것
이 아니라, 지식의 외재적 목적에 치중하는 학문은 모두 밥벌이
학문이라는 것이 셸링의 요지다.

16줄 **직관(anschauung)** 셸링은 칸트 식의 자아(Ich)와 비아(Nicht-Ich) 간
의 근원적인 분열을 뛰어넘어 나와 세계가 하나로 연결되어 있
다는 주장을 펼쳤다. 셸링은 직관을 통해 이러한 사실을 깨달은
자아를 절대자아(das absolute Ich)라고 불렀다. 셸링의 동일철학
(Identitatsphilosophie)을 피히테의 자아확장론과 비교하면 흥미롭다
(supra, 156).

075

알면 행한다
헤르바르트: 일반교육학
(Herbart: Allgemeine Pädagogik)

헤르바르트(Johann Friedrich Herbart)는 1776년에 태어나 1841년에 죽은 독일의 철학자이자 교육학자이다. 헤르바르트는 1806년에 『일반교육학(Allgemeine Pädagogik aus dem Zweck der Erziehung abgeleitet)』을 출판하였다. 이 책에서 헤르바르트는 지식[흥미]과 도덕성의 관계를 탐구하였다. 헤르바르트는 『일반교육학』에서 '지식'이 곧 '덕'이라는 소크라테스식 명제로부터 출발해 지식 교육을 위한 수업단계설을 제시하였다.

¶. **흥미**는 흥미 있는 사물과 일들로부터 생겨난다. **다면적 흥미**는 흥미 있는 사물과 일들이 많이 있을 때 발생한다. 이러한 흥미를 유발하고 발달시키는 것이 **수업**의 과제이다. 수업은 교제와 경험으로부터 생겨난 마음의 태세를 유지하고 완성한다. 도덕적인 품성을 갖추기 위해서는 개별성을 한동안 유동적인 성분에 담가 놓아야 한다. 그러면 상황에 따라 역반응이나 순반응이 일어난다. 그러나 대부분은 감지할 수 없는 수준이다. 이 성분이 바로 훈육이다. 훈육은 주로 전단적인 의지를 대상으로 하지만, 부분적으로 판단력에도 작용한다. 이 책의 서론에서 관리와 수업에 관해 말할 때 훈육에 대해서는 이미 충분히 논의하였다. 앞에서 우리는 체계적인 교육방법을 구상하면서 수업을 훈육보다 우선하였다. 아직도 그 이유를 모르겠다면, 이 책에서 다루고 있는 **다면적 흥미와 도덕적 품성의 관계**를 다시 생각해 보아라. 만일 도덕성이 다면적 흥미에 바탕을 두고 있지 않다면, 확실히 훈육은 수업과 별개로 논의될 수 있다. 교

사는 직접 학생 개개인을 움켜잡고 주문을 걸고 통제하면서 도덕적으로 선한 것은 고양하고 악한 것은 몰아낸다. 그러나 교사들은 이러한 추상적이고 강제적인 훈육이 지금까지 효과가 있었는지 자문해야 한다. 만일 효과가 없었다면, 그들은 이제 다른 가정에 주목해야 한다. 즉, 교사들은 개별성을 보편적이고 의무적인 도덕 법칙에 순응시킬 수 있다고 말하기 전에, 우선 개별성을 폭넓은 흥미를 통해 변화시키고 일반적으로 도야해야 한다.[75]

• 註解

[1줄] 흥미 출발점 흥미와 도달점 흥미가 있다. 처음부터 흥미를 느껴서 어떤 일을 할 수 있고, 또 어떤 일을 하다가 흥미가 생겨날 수도 있다. 헤르바르트는 수업을 통해 도달한 마음의 태세로서의 흥미에 주목하였다.

[1줄] 다면적 흥미(vielseitige Interesse) 흥미로부터 앎이 생겨난다고 가정할 때, 수업의 목적으로서 다면적 흥미를 불러일으킨다는 말은 곧 수업을 통해 다면적 지식을 발달시킨다는 말이다. 헤르바르트는 경험적(empirische)흥미, 사변적(spekulative) 흥미, 심미적(ästhetische) 흥미, 동정적(sympathetische)흥미, 사회적(gesellschaftliche) 흥미, 종교적(religiöse) 흥미로부터 세계를 파악하는 방식을 풍부하고 폭넓게 형성할 것을 주장하였다.

[3줄] 수업(Unterricht) 헤르바르트는 수업을 명료(Klarheit), 연합(Assoziation), 체계(System), 방법(Methode)의 네 단계로 구분하는 가운데 전심(專心, vertiefung)과 치사(致思, vesinnung)라는 두 개의 심리적 작용을 통해 아이의 마음에 다면적 흥미를 불러일으키고, 이

를 바탕으로 다면적 지식을 발달시킬 것을 주장하였다. 헤르바르트의 수업단계설은 이후 약간의 수정·보완을 거쳐 현대 수업설계론으로 이어졌다.

`11-12줄` **다면적 흥미와 도덕적 품성의 관계** 헤르바르트는 수업을 통해 다면적 흥미를 불러일으키고 그로부터 사고권(Gedankenkreis)을 형성하여 도덕적 품성(Sittlichen Charakter)을 도야해야 한다고 보았다. 지식을 통해 도덕성을 도야할 수 있다는 것이 헤르바르트의 주장이었는데, 이는 '알면 행한다'라는 소크라테스식 주지주의 전통을 계승하는 것이었다.

076

교육학의 체계
헤르바르트: 교육학강의개요
(Herbart: Umriss pädagogischer Vorlesungen)

헤르바르트는 1835년에 생애 마지막 주저 『교육학강의개요(Umriss pädagogischer Vorlesungen)』를 출판하였다. 이 책은 거의 삼십 년 전에 출간된 『일반교육학』의 내용을 수정·보완한 것이다. 『교육학강의개요』 서문에서 헤르바르트는 교육학의 학문적 체계를 밝혔다. 헤르바르트는 교육학을 철학으로부터 독립시키면서 그 목적을 윤리학에서, 그리고 방법을 심리학에서 구하였다. 오늘날 헤르바르트는 근대 교육학의 창시자로 널리 알려져 있다.

¶. 교육학의 대전제는 학생의 가소성, 즉 변화가능성이다. **교육학은 하나의 학문**으로서 실천철학[윤리학]과 심리학에 기초한다. 윤리학은 교육의 목적을 제시하고, 심리학은 그 가능성을 타진한다. 교육학에서는 운명결정론이나 자유의지론과 같은 **철학적 담론**을 원천적으로 배제한다. 왜냐하면, 비결정의 상태에서 결정의 상태로 변화되는 것을 가정하는 가소성이라는 개념은 위의 철학적 체계와 논리적으로 맞지 않기 때문이다. 그렇다고 해서 무한한 변화가능성을 가정하는 것도 잘못이다. 심리학은 가소성의 한계를 지적한다. 아이의 교육 가능성을 논의할 때, 먼저 개인적인 특성을 고려해야 한다. 다음으로 교육의 과정에서 시간과 환경에 따른 제약을 고려해야 한다. 마지막으로 교육의 손이 닿지 않는 마음 한편에서 이루어지는 성격 형성을 고려해야 한다. 그러므로 교육의 과정에서는 먼저 학생의 타고난 본성에 따른 한계가 나타나고, 나중에 학생 자신의 의지에 따른 한계가 나타난다. 우리는 교육의 이러한 한계를 명확

하게 인식해야 한다. 그렇지 않으면 숙명론에 빠지거나 자유의지를 맹신하는 아주 곤란한 처지에 놓인다. 교육의 힘은 과대평가되어서도, 그렇다고 과소평가되어서도 안 된다. 교사는 마땅히 교육의 가능성을 극대화하기 위해 노력해야 하지만, 동시에 교육의 한계를 합리적으로 고려해야 한다. 교사는 실천적인 가치를 염두에 두면서 꼭 가르쳐야 하는 것을 소홀하게 보아 넘기지 말고, 심리학의 도움을 받아 아이를 관찰하며 얻은 자료를 바르게 이해하고 해석해야 한다.[76]

• 註解

1-2줄 **교육학은 하나의 학문(Pädagogik als Wissenschaft)** 헤르바르트는 교육학을 실천철학(praktischen Philosophie)[윤리학]과 심리학에 기초하는 하나의 학문으로 정립함으로써 '교육학의 아버지'라는 칭호를 얻었다.

4줄 **철학적 담론** 교육학은 철학적인 사변과는 궤(軌)를 달리한다. 헤르바르트에 따르면, 교육학은 실천적인 가치를 지향하고 합리적인 변화가능성을 고려하는 과학적 담론이다.

077

도덕성 교육
헤르바르트: 세상의 미학적 계시
(Herbart: Über die ästhetische Darstellung der Welt)

헤르바르트는 1804년에 『직관의 ABC에 관한 페스탈로치의 생각(Pestalozzi's Idee eines ABC der Anschauung)』을 새롭게 출간하면서 그 안에 「세상의 미학적 계시(Über die ästhetische Darstellung der Welt)」라는 글을 추가하였다. 이 소(小)논고에서 헤르바르트는 도덕성을 삶과 교육의 가장 높은 목적으로서 강조하였다. 헤르바르트는 도덕적 품성이 선을 수용하고 악을 배격하는 의식적인 노력의 산물이고, 도덕적 자기의식은 세상의 이러한 미학적 계시를 통해 고양된다고 주장하였다.

¶. 교육 전체를 아우르는 단 하나의 개념이 있다면 그것은 **도덕성**이다. 삶의 목적만큼이나 교육의 문제도 많다. 그런데 교육의 모든 문제를 서로 관련지어 연구하지 않고 각기 개별적으로 연구하기 때문에 교육의 문제만큼이나 교육의 연구도 많다. 그 결과 우리는 교사 개인의 방법에 어떤 한계가 있는지, 또 교사가 특정 방법을 올바르게 사용하고 있는지 확인할 수 없다. 만일 우리가 개별적인 목적만을 염두에 둔 채 많은 것을 우연의 결과로 얻는다면, 그것들 상호 간의 올바른 관계를 설정할 수 없으므로 모든 것이 쓸모없게 된다. 이런 식이라면, 교육의 문제들이 서로 연결되어 있다고 생각할 수 없다. **교육하는 일**에 대한 단일한 관점이 형성되어 있어야만, **교육하는 일**을 하나의 통일된 활동으로 이해하면서 그에 대한 엄밀하고 정확한 사고와 체계적인 수행이 가능하다. 도덕성은 인류 최상의 목적으로서 보편성을 지닌다. 따라서 교육의 목적으로도 손색이 없다. 누군가 이의를 제기한다면, 그는 도덕성이 무엇을 의미하는

지 모르는 사람이므로 여기서는 발언권이 없다. 그러나 도덕성을 인류의
목적이자 교육의 목적으로 정립하기 위해서는 그 개념을 지금보다 폭넓 15
게 사용하면서 실천적인 가능성을 탐구해야 한다.[77]

- **註解**

  1줄 **도덕성(Moralität)** 헤르바르트 교육학의 강령이다.

  9줄 **교육하는 일(Aufgabe der Erziehung)** 목적론적 접근이다. 헤르바르트의 교육 목적이 도덕성의 계발에 있었음은 주지의 사실이다.

  10줄 **교육하는 일(Geschäft der Pädagogik)** 방법론적 접근이다. 헤르바르트는 교육의 보편적인 목적만큼이나 그 목적을 달성하기 위한 체계적인 방법에 주목하였다. 일례로, 헤르바르트의 수업단계설 (supra, 168)이 있다.

078

놀이 예찬
프뢰벨: 인간의 교육
(Fröbel: Die Menschenerziehung)

프뢰벨(Friedrich Fröbel)은 1782년에 태어나 1852년에 죽은 독일의 교육자이다. 프뢰벨은 1826년에 그의 주저 『인간의 교육(Die Menschenerziehung)』을 출판하였다. 이 책에서 프뢰벨은 교육이 아이의 마음속에 있는 신성(神性)을 밖으로 드러내는 일이라고 보았다. 프뢰벨은 '놀이'의 방법을 강조하였는데, 아이는 놀이와 같은 자기활동을 통해 스스로 성장해 나가는 존재이기 때문이다.

¶1. **놀이**는 아동 발달의 최상의 단계이다. 아동기에 인간 발달은 놀이를 통해 가능하다. 놀이는 내적인 필요와 동인에 의해 안에 있는 것을 밖으로 드러내는 자기활동이다. 놀이는 아동기에 인간이 할 수 있는 가장 순수하고 신성한 활동이다. 동시에 놀이는 인간의 삶 전반을 아우르는 활동으로서 인간과 다른 모든 개체 안에 숨어 있는 **자연적인 삶**을 대변한다. 그러므로 놀이는 기쁨, 자유, 만족, 휴식, 평화를 제공한다. 놀이는 모든 선한 것의 원천이다. 여기 몸이 지쳐 쓰러질 때까지 자기 의지에 따라 활발하게 움직이면서 놀고 있는 아이가 있다. 그 아이는 앞으로 모든 일을 열심히 하고 자의식이 강한 아이로 성장할 것이다. 아울러 자기 자신과 타인들의 삶에 자신을 스스로 헌신할 수 있는 아이로 자라날 것이다. 놀고 있는 아이, 놀이에 몰두하는 아이, 놀다가 지쳐 잠든 아이보다 아동기의 삶을 더 아름답게 만드는 것이 있는가? 주지하다시피 아동기에 놀이는 사소한 활동이 아니다. 놀이는 매우 진지하고 중요한 활동이

다. 어머니들이여, 놀이를 만들고 장려하라! 아버지들이여, 놀이를 지키고 보호하라! 인간의 참된 본성을 이해하고 있는 사람은 아이의 자발적 놀이를 지켜보면서 인간 삶의 미래를 본다.[78]

- **註解**

1줄 **놀이(Spiel)** 프뢰벨 교육학의 키워드다. 아이는 자기활동을 통해 스스로 성장한다. 유년기에 자기활동은 놀이의 형태로 나타난다. 당시 성행하던 라마르크(J. B. Lamarck)의 진화설이 떠오른다. 라마르크가 인간의 진화를 설명하였던 용(用)과 불용(不用)의 원칙은 프뢰벨의 경우 인간의 발달을 위한 자기활동의 원칙에 해당한다.

5줄 **자연적인 삶** 생명체의 생존과 성장을 뜻한다. 프뢰벨은 산림국 서기로 일하면서 자연적인 삶의 모습을 직접 관찰하였고, 대학에서 광물학, 지질학, 결정학, 물리학 등을 공부하면서 자연적인 삶의 법칙을 인식하였으며, 페스탈로치와의 만남을 통해 자연적인 삶의 교육에 관심을 가졌다.

079

유치원 교육의 정신
프뢰벨: 유치원교육학
(Fröbel: Die Pädagogik des Kindergartens)

『유치원교육학(Die Pädagogik des Kindergartens)』은 프뢰벨이 1837년부터 1840년까지 『아이들의 방식대로 살자(Kommt, laßt uns unsern Kindern leben!)』라는 잡지에 기고한 글들을 책으로 묶은 것이다. 『유치원교육학』에는 킨더가르텐[아이들의 정원]의 의미, 방법, 실제에 대한 프뢰벨의 최초 생각이 담겼다. 프뢰벨은 1840년에 '일반독일유치원(Allgemeiner Deutscher Kindergarten)'을 설립함으로써 유치원교육의 창시자가 되었다.

¶1. 자연과 인간의 성장과 발달 과정을 서로 비교할 필요가 있다. 이러한 비교 학습은 인간에게 중요하다. 특히 성장기의 어린아이에게 그러하다. 아이에게 이러한 비교를 할 수 있는 기회를 주는 교육, 즉 유치원이 필요하다. **유치원**이라는 말 자체가 '아이들의 정원'을 의미하므로 유치원에는 반드시 아이들을 위한 정원이 있어야 한다. 유치원에 있는 정원은 아이들에게 자연의 성장과 발달 과정을 관찰하는 기회를 제공한다. 그러나 그것은 또한 아이들의 **사회적이고 시민적인 공동체 생활**을 위해 필요하다. 인간은 어려서부터 그 자신이 인류 공동체의 일원임을 인식해야 한다. 그리고 행동을 통해 스스로 그러한 존재임을 입증해야 한다. 하나와 여럿, 부분과 전체의 상호 호혜적인 활동은 여러 개별 식물들을 함께 재배하는 정원에서 가장 아름답고, 생생하고, 확실하게 목격된다. 그러한 정원을 함께 돌보는 과정에서 전체와 부분의 관계는 명확하게 드러난다. 이 정원은 흔히 '집의 정원'으로 불린다. 아이들 각자가 그 조그마한 정원

의 한 부분을 차지하기 때문이다.[79]

- **註解**

4줄 **유치원** 독일어 킨더가르텐(Kindergarten)의 번역이다. '킨더'는 아이들, '가르텐'은 정원을 각각 의미한다. 말 그대로 유치원에는 아이가 자연적인 삶을 관찰할 수 있는 정원이 있어야 한다. 프뢰벨에 따르면, 아이는 정원의 다양한 식물 개체들이 서로 조화를 이루며 자라나는 과정을 지켜보면서 그 자신도 인류 공동체의 한 일원으로 성장·발달하는 것을 배운다.

7줄 **사회적이고 시민적인 공동체 생활** 아이들의 정원에서는 각자가 전체의 부분을 이루는 가운데 하나와 여럿이, 또 부분과 전체가 한데 어우러져 자유롭게 성장하고 발달한다. 프뢰벨의 유치원 사상이 표방하는 이러한 자연적인 삶의 이상은 당시 프로이센의 집단적 전체주의와 갈등의 소지가 있었고, 실제로 프뢰벨의 일반독일유치원은 1851년에 정부에 의해 폐쇄되었다. 프뢰벨의 킨더가르텐 이념은 자유주의 문화권에서 먼저 자리를 잡았는데, 일례로 미국에서는 이미 1860년에 프뢰벨 유치원이 설립되었다.

080

삶의 공간으로서의 학교
그룬트비: 삶을 위한 학교
(Grundtvig: Skolen for livet)

그룬트비(Nikolaj Frederik Severin Grundtvig)는 1783년에 태어나 1872년에 죽은 덴마크의 신학자이자 교육개혁자이다. 그룬트비는 1838년에 덴마크의 황태자를 위해 『삶을 위한 학교(Skolen for livet)』를 저술하였다. 이 글에서 그룬트비는 덴마크 학교교육의 새로운 방향을 제시하였다. 그룬트비는 책에 매몰된 학구적인 학교보다 삶을 배우는 실제적인 학교를 세우려고 하였다.

¶. 나는 삶을 위한 학교가 무엇을 의미하는지 명확히 밝히련다. 오늘날 사람들은 단지 머리와 종이 속에만 존재하는 그러한 학교에 대해서 흐릿하게, 아니 사실은 매우 잘못 알고 있다. 사람들은 삶을 위한 학교라면, 항상 학구적인 실험실을 머릿속에 그린다. 그곳에서 우리가 하는 일이라곤 규칙을 익히고 그 규칙에 따라 우리의 삶을 바로잡고, 개선하고, 궁극적으로 해체, 즉 죽음을 통해 완전히 변화시키는 것이다. 삶을 직접 경험하기에 앞서 미리 삶에 관해 설명할 수 있고, 또 설명해야만 한다는 이러한 **독일적 취향**은 지혜로운 사람들에게는 개혁의 대상이다. 이러한 취향에 따라 세워진 학교들은 생명을 좀먹는 해충들만 득실대는 해체와 죽음의 작업장이다. 이러한 취향에 나는 결연히 반대한다. 만일 학교가 진정으로 삶에 도움을 주는 교육기관이 되려면, 학교는 교육 그 자체보다 삶의 필요를 목적으로 삼아야 한다. 그리고 삶 본연의 모습에 주목하면서 그 실천적 쓸모를 극대화해야 한다. 어떠한 학교도 우리 안에 새로운 삶

을 만들어 줄 수 없다. 학교는 현재의 삶을 파괴하는 일을 멈추고, 우리의 삶을 색다르고 좋게 만든다는 '규칙' 개발에 시간을 낭비해서는 안 된다.[80]

• **註解**

8줄 **독일적 취향** 독일의 관념주의 전통을 말한다. 삶에 대해 생각하느라, 정작 삶 그 자체를 살아내지 못한다는 비판이다.

15줄 **규칙(Regler)** 어딘가에 '잘삶(the good life)'의 이데아가 존재한다는 가정인데, 관념의 유리성에 불과하다는 것이 그룬트비의 주장이었다. 그룬트비의 '삶을 위한 학교'의 개념은 학교가 삶의 '법칙'을 만드는 실험적인 장소가 아니라 삶의 요구를 충족하는 실제적인 장소라는 것이다.

081

공립학교의 존립 이유
만: 교육연보
(Mann: Annual Reports on Education)

만(Horace Mann)은 1796년에 태어나 1859년에 죽은 미국의 교육개혁자이다. 만은 1837년에 매사추세츠 교육위원회 의장을 맡으면서 교육개혁에 관심을 가졌다. 만은 교육을 인간의 기본권으로 간주하면서 모두를 위한 공립학교의 설립을 주장하였다. 『교육연보(Annual Reports on Education)』는 1837년부터 1848년까지 만이 교육위원회에 제출하였던 연례보고서를 말한다. 아래 인용문은 만의 열두 번째 보고서(1848)로부터 발췌한 것이다.

¶. 다른 기관들의 활동을 폄하할 생각은 없지만, 나는 문명사회에서 훌륭한 **공립학교**만큼 효과적이고 이로운 기관도 없다고 확신한다. 최소한 다음의 두 가지 이유에서 그러하다. 첫 번째로 다른 기관들과 달리 공립학교의 운영에는 **보편성**이 내재한다. 만일 학교가 정의와 협동의 정신 아래 운영된다면, 다음 세대를 구성하는 모든 젊은이가 이러한 영향을 받으면서 자라날 것이다. 두 번째로 학교에서 다루는 **질료**는 무척 잘 휘고 늘어나는 성질을 지니고 있어서 조물주의 작업 이상으로 매우 다양한 형상으로 변화될 수 있다. 떡갈나무의 신축성 없는 딱딱함이 어린나무나 새싹의 유연함과 자주 비교되듯, 아동기의 온순함은 어른의 완고한 고집과 대조를 이룬다. 우리 주(州)[매사추세츠]의 공립학교 체제는 아직 불완전하고 허술한 측면이 많이 있지만, 그 제도의 여러 장점 덕분에 놀랄만한 성과를 거두었다. 앞을 보지 못하는 사람들, 소리를 듣지 못하는 사람들, 말을 하지 못하는 사람들을 모두 차별 없이 가르치면서, 어리숙한 사

람의 마음속에 숨어 있는 지적인 잠재능력을 흔들어 깨우면서, 버려지고 버림받은 아이들의 처지를 개선하려는 신성한 일을 자청하면서, 우리의 공교육은 그에 맡겨진 영광된 소임을 충실히 수행하고 있다.[81]

• 註解

2줄 **공립학교(common school)** 만의 노력으로 미국 매사추세츠에서는 이미 1852년에 의무교육법이 제정되었고, 19세기가 끝나기 전까지 의무교육이 완전히 시행되었다.

4줄 **보편성** 공립학교에서 추구하는 가치가 세대 간의 대물림을 통해 사회에 일반화된다는 의미다.

6줄 **질료(質料)** 아이들이다. 교육의 전제조건은 아이들의 가소성, 즉 변화가능성이다.

082

대학교육의 목적
뉴만: 대학의 이념
(Newman: The Idea of a University)

뉴만(John Henry Newman)은 1801년에 태어나 1890년에 죽은 영국의 성직자이자 학자이다. 뉴만은 '옥스퍼드 운동(oxford movement)'의 주역이었고, 나중에 가톨릭으로 개종해 주교가 되었다. 『대학의 이념(The Idea of a University)』은 뉴만이 1852년에 더블린의 가톨릭 대학에서 진행하였던 아홉 차례 강연을 그의 다른 글들과 함께 묶은 것이다. 이 책에서 뉴만은 공리주의적 사고의 편협성을 비판하면서 대학교육의 목적이 자유교육을 통한 철학적 습관의 형성에 있다고 역설하였다.

¶. 대학에서 폭넓은 교육과정을 제공하는 것은 학생들에게도 좋은 일이다. 비록 학생들은 대학에서 제공하는 모든 교과목을 수강할 수 없지만, 제(諸)학문을 대표하는 사람들과 함께 지내는 것만으로도 이익을 얻는다. 이것이 바로 대학교육의 이점이다. 전문성을 갖추고, 자신의 연구에 매진하는, 그러면서 상호 경쟁 관계에 있는 일군의 학자들은 서로 논쟁을 벌이고 지적인 공존을 위해 그들 각자의 주장을 상대방의 주장과 조율한다. 그 과정에서 그들은 서로를 존중하고, 서로에게 의견을 구하고, 서로 간에 돕는 법을 배운다. 비록 학생들은 제한된 몇 개의 학문 분야만을 공부하겠지만, 그들 또한 이러한 학문공동체의 지적인 분위기를 공유한다. 대학에서 학생들은 개별 교사들과는 상관없는 하나의 지적인 전통을 향유하며 이익을 얻는다. 그 전통은 학생들의 교과 선택을 안내하고, 그들이 선택한 교과를 올바르게 가르친다. 학생들은 지식의 전반적인 개요, 지식의 원리, 지식의 구성인자, 지식의 빛과 그늘, 지식의 장단점을 이해

한다. 이것은 "**자유**"교육이라 불리는 전통이다. 학생들은 대학교육을 통해 평생 간직할 마음의 습관을 형성한다. 그들의 마음속에는 자유, 공평, 평안, 중용, 지혜가 깃든다. 앞에서 내가 '**철학적 습관**'이라 부른 것이다. 나는 이러한 습관이야말로 다른 교육기관들, 또는 다른 교육의 형태에서 얻을 수 없는 대학교육만의 특별한 열매라고 생각한다. 그러므로 이것이 대학교육의 주된 목적이다.[82]

- 註解

14줄 **자유(Liberal)** 뉴만이 말하는 자유는 외부의 간섭에서 벗어난다는 '소극적(negative)' 의미가 아니라 영혼의 주인이 된다는 '적극적(positive)' 의미로 해석할 수 있다. 교육을 받아 인간의 마음이 무지, 오류, 편견, 선입관 등으로부터 자유로워진다는 고대 자유교육의 이상을 반영한다(supra, 30).

16줄 **철학적 습관** 자유교육의 결과로 형성된다. 뉴만은 대학교육의 목적이 직업적 유용성이 아닌 영혼의 자유에 있다고 보았다.

083

교육의 비밀
에머슨: 교육에 대하여
(Emerson: On Education)

에머슨(Ralph Waldo Emerson)은 1803년에 태어나 1882년에 죽은 미국의 수필가이자 시인이다. 『교육에 대하여(On Education)』는 에머슨 사후에 출판된 그의 강연 중 하나였다. 이 글에서 에머슨은 아이의 본성과 자기 성찰에 토대를 두는 자연적인 교육에 천착하였다. 에머슨은 교육의 비밀이 외적인 간섭[강제]이 아닌 내적인 필요[자유]에 있다고 주장하였다.

¶. **교육의 비밀**은 학생을 존중하는 데 있다. 학생이 무엇을 알아야 하고 어떤 행동을 해야 하는지는 당신이 선택하는 것이 아니다. 그것은 학생 자신이 선택하는 것이다. 학생은 저마다 비밀의 방 열쇠를 가지고 있다. 당신의 쓸데없는 참견과 훼방, 그리고 지나친 통제가 삶의 목적으로부터의 일탈과 방황을 초래한다. **아이를 존중하라.** 자연의 결과를 참을성 있게 지켜보아라. 자연은 비유는 좋아하지만, 반복은 싫어한다. 아이를 존중하되, 부모와는 거리를 두어라. 아이의 고독을 방해하지 마라. 이렇게 말하면, 곧 사방에서 비난의 목소리가 빗발칠 것이다. '당신은 공적이고 사적인 훈육을 모두 내팽개칠 작정인가?', '당신은 어린아이가 자기 정념과 변덕의 희생양이 되도록 내버려 둘 것인가?', '그로부터 야기될 혼란을 당신은 아동 본성에 대한 존중이라는 말로 얼버무릴 생각인가?' 이에 대한 나의 답변은, '아이를 존중하라, 아이를 끝까지 존중하라, 동시에 당신 자신을 존중하라'이다. 아이와 생각을 함께 나누는 동료가 되고, 아

이와 우정을 함께 나누는 친구가 되고, 아이와 덕을 함께 나누는 연인이 되어라. 그러나 아이와 잘못을 함께 나누는 동지가 되어서는 안 된다. 아이의 눈에, 당신은 사악함을 싫어하고 경박함을 멀리하는 참된 인간이어야 한다.[83]

- 註解

1줄 **교육의 비밀** 아이 '밖'에 있는 것이 아니라 아이 '안'에 있다. 아이에게 열쇠가 있다. 아이가 스스로 자신의 비밀의 문을 열고 나오기를 기다리라는 말이다.

5줄 **아이를 존중하라(respect the child)** 아이의 내재적 선함과 자기의지를 믿으라는 말이다. 부모와 교사의 간섭이 아이 영혼의 근원적인 아름다움과 힘을 갉아먹는다. 아이는 자기의존적이고 독립적인 상태에서 세상에 대한 직관적 이해를 통해 자신의 소(小)세계를 구현한다. 에머슨의 초월주의자(Transcendentalist)로서의 면모가 잘 드러나는 구절이다.

084

교육에서 정부의 역할
밀: 자유론
(Mill: On Liberty)

밀(John Stuart Mill)은 1806년에 태어나 1873년에 죽은 영국의 철학자이자 정치경제학자이다. 밀은 1859년에 그의 『자유론(On Liberty)』을 출판하였다. 이 책에서 밀은 빅토리아 시대의 숨 막히는 도덕적 관습에 반해 개인의 자유를 옹호하였다. 밀은 『자유론』 5장 말미에서 그의 자유의 원칙을 교육에 적용하였다. 밀은 정부가 교육 문제에 직접 개입하기보다 모든 것을 부모들의 자유에 맡겨야 한다고 주장하였다.

¶. 정부가 모든 아이에게 좋은 교육을 제공하고 싶거든 교육 문제에 직접 개입하지 마라. 모든 일을 부모들에게 맡겨라. 부모들이 교육의 장소와 방법을 결정해야 한다. 정부는 저소득층 아이들에게 교육비를 지원하는 역할만 하라. 국가교육에 반대하는 논리는 **국가의 교육적 책임**을 부정하는 것이 아니라 국가가 교육의 방향을 결정하는 일에 반대하는 것이다. 국가가 교육을 독려하는 일과, 국가가 교육을 독점하는 일은 완전히 다른 것이다. 나는 국민교육의 전체 또는 대부분이 국가 수중에 있어야 한다는 주장에 반대한다. 개별적인 특성과 의견 및 행동의 다양성이 중요하다는 지금까지의 일관된 주장이 **교육의 다양성**을 지지하는 문제에도 그대로 적용된다. 국가교육은 그 일반적인 성격으로 말미암아 국민 모두를 똑같은 생김새로 찍어낸다. 그리고 동질적인 국민은 정부의 권력층, 즉 왕, 성직자, 귀족, 다수의 지배계급의 이익에 봉사한다. 그러한 교육 체제 아래에서는 인간의 심신(心身)이 폭정에 익숙해진다.[84]

• 註解

4줄 **국가의 교육적 책임** 국민 개개인의 교육을 독려하면서 부모의 교육 선택권을 행·재정적으로 지원하는 데 있다. 정부의 적극적인 간섭을 경계하면서 교육의 과정에서 개인의 자유로운 자기발달을 옹호하였던 훔볼트의 주장이 감지된다. 실제로 밀은 훔볼트의 『정부의 범위와 역할』의 영향을 받아 그의 『자유론』을 저술하였다(supra, 159).

9줄 **교육의 다양성** 밀은 빅토리아 시대의 고루한 삶의 방식이 개인의 자유를 침해한다고 보았다. 교육 문제에 적용하면, 획일적인 국가교육(State education)이 교육의 목적으로서의 개별성의 발달에 부정적이라는 생각이다. 밀의 입장은 정부의 교육 독점에서 벗어나 다양한 곳에서 서로 다른 방식으로 교육이 이루어질 때 개인의 자율적 선택에 기초한 자유로운 자기발달이 가능하다는 것이었다.

085

대학 교양교육의 이상
밀: 취임사
(Mill: Inaugural Address)

밀은 1867년에 세인트앤드류 대학의 학장으로 임명되었다. 흔히『취임사(Inaugural Address)』로 알려진 이 연설문에서 밀은 대학 교양교육의 이상을 논의하였다. 밀은 대학교육의 목적이 전문적인 직업 기술을 획득하기보다 인간의 마음을 자유롭게 만들고 정신을 도야하는 데 있다고 주장하였다.

¶. 일반적인 **교양교육**의 목표인 지적이고 의식적인 마음은 어떠한 것인가? 인간은 변호사, 의사, 상인, 장인(匠人)이기 전에 인간이다. 당신이 유능하고 지각(知覺) 있는 인간을 길러낸다면, 그는 장차 유능하고 지각 있는 변호사와 의사가 될 것이다. 전문적인 직업에 종사할 사람들이 대학으로부터 얻어가는 것은 전문적인 지식이 아니라 그것의 사용을 안내하는 지식이다. 그들의 전문적인 기술에 일반적인 교양의 빛이 스며들도록 하라. 인간은 교양교육을 받지 않고도 솜씨 좋은 변호사가 될 수 있다. 그러나 인간을 철학적인 변호사, 즉 머릿속에 저장된 단편적인 사실보다 일반적인 원칙에 따라 행동하는 지각 있는 변호사로 만들어 주는 것은 교양교육이다. 기술은 어디까지나 기술일 뿐이다. 구두를 고치는 사람이 교육을 받으면 '똑똑한' 구두수선공이 된다. 교육은 구두를 만드는 방법을 가르치는 일이 아니라 정신을 도야하면서 **생각하는 습관**을 길러주는 일이다.[85]

• **註解**

1줄 **교양교육(general education)** 전문적인 직업교육과 대비되는 개념이다. 고대의 교양교육(Εγκύκλιος Παιδεία)의 이상을 따른다(supra, 34). 교육의 목적이 마음의 계발에 있다는 점은 고대의 주지주의(主知主義) 전통을 계승한 것이다.

12줄 **생각하는 습관** 앞서 뉴만이 '철학적 습관' 또는 '마음의 습관'이라 부른 것이다(supra, 183).

086

교육에서 두 가지 실수
러스킨: 영국의 미래
(Ruskin: The Future of England)

러스킨(John Ruskin)은 1819년에 태어나 1900년에 죽은 영국의 예술비평가이자 사회사상가이다. 러스킨은 1869년 말에 울위치 왕립포병학교에서 영국 사회의 미래를 주제로 강연을 하였다. 이 강연에서 러스킨은 새로운 영국 사회의 건설을 위한 국가교육의 비전을 제시하였다. 「영국의 미래(The Future of England)」는 1870년 초에 팜플렛 형태로 처음 출판되었고, 나중에 러스킨의 강연집 『야생올리브 화관(The Crown of Wild Olive)』(개정판)에 실렸다.

¶. 내가 계속해서 듣는 이상한 말은 "교육에 들어간 돈을 회수하기가 얼마나 힘든 줄 아느냐!"는 푸념이다. 왜 그러냐고 반문하는 사람도 있겠지만, 나에게는 이상한 말처럼 들린다. 당신은 자식들을 교육하면서 그들에게 돈을 받을 텐가, 아니면 아무런 대가 없이 그들을 의무적으로 교육하겠는가? 당신은 자식들에게 수업료를 청구하기보다, 아마도 그들이 선량한 아이들로 자라나기를 바랄 것이다. 마찬가지로 가난한 농부가 교육을 받아 훌륭한 사람이 되었다면 그것만으로 충분하다. 우리가 흔히 저지르는 또 하나의 실수는 교육을 생계 수단으로 생각하는 것이다. 교육은 수익을 내는 비즈니스가 아니다. 그러기에는 비용이 너무 많이 들어간다. 교육을 통해 얻을 수 있는 최상의 것도 자본의 관점에서 보면 이로울 것이 없다. 지금까지 어떠한 국가도 위대한 예술이나 지혜를 빵을 벌기 위한 수단으로 삼지 않았다. 그러한 역할은 미천한 기술이나 생산, 즉 실용적인 지식의 몫이었다. 사람들은 고귀한 학식, 고귀한 철학, 고귀한

예술을 항상 소중한 보물로 구매만 할 뿐, 그것들을 생계를 위해 내다 팔지 않는다. 그러므로 '먹고 살기 위해 배우지 말고, 배우고 알기 위해 살아라.' **國家敎育**에 들어간 돈은 이 땅에 선량하고 용감한 영국인들이 넘쳐나는 것을 가능하게 하고, 그것이면 "**돈**"의 가치는 다한 것이다.[86]

• **註解**

16줄 **국가교육**(national education) 교육이 생계나 수익을 위한 수단이 아니라는 러스킨의 주장은 19세기 영국 사회의 자본주의적인 세태를 비판하는 것이었다. 러스킨은 국가가 잘 교육받은 영국인을 만들어내는 일에 수고와 비용을 아끼지 말라고 충고하였다.

17줄 **돈** 교육에 '돈'의 재갈을 물리지 말라는 러스킨의 일침은 교육을 투자가 아닌 공공재로 인식하라는 주문처럼 들린다.

087

지식의 위계
스펜서: 어떤 지식이 가장 가치 있는가?
(Spencer: What Knowledge Is of Most Worth?)

스펜서(Herbert Spencer)는 1820년에 태어나 1903년에 죽은 영국의 철학자이자 사회진화론자이다. 스펜서는 1859년에 『웨스트민스터 리뷰(Westminster Review)』에 「어떤 지식이 가장 가치 있는가?(What Knowledge Is of Most Worth?)」라는 논문을 발표하였다. 이 논문에서 스펜서는 삶의 유용성을 잣대 삼아 지식의 위계를 정하고, '과학'을 가장 높은 곳에 위치시켰다. 스펜서의 논문은 이듬해 미국에서 출판된 그의 『교육론(Education: Intellectual, Moral, and Physical)』 1장에 실렸다.

¶. 어떤 정보가 나중에 삶을 살아가는 데 쓸모가 있다거나, 아니면 어떤 종류의 지식이 다른 지식보다 실제로 더 가치가 있다고 생각하는 것만으로 충분하지 못하다. 우리는 정보와 **지식의 상대적 가치**를 가늠해보는 과정을 거쳐야 하고, 결과적으로 가장 필요한 정보와 지식이 무엇인지 되도록 분명하게 알아야 한다. 물론 이런 일은 어렵다. 어떻게 보면 단지 추측에 불과하다. 그러나 사안의 중요성을 고려할 때 어렵다고 마냥 지나칠 수 있는 것도 아니다. 그보다 최선을 다해 적극적으로 문제를 해결해야 한다. 만일 우리의 접근 방식이 체계적이라면, 곧 구체적인 성과가 나타날 것이다. 우리가 가장 먼저 해야만 하는 일은 **인간의 삶을 구성하는 주요 활동들**을 중요한 순서대로 분류하는 것이다. 그 결과는 다음과 같다. (1) 자기보존과 직접적으로 관련된 활동들, (2) 의식주에 도움을 주면서 자기보존과 간접적으로 관련된 활동들, (3) 자녀 양육과 훈육을 목적으로 하는 활동들, (4) 사회·정치적 질서의 유지와 관련된 활동들, (5)

삶의 여가를 구성하는 심미적이고 감성적인 활동들이다.[87]

- 註解

  3줄 **지식의 상대적 가치** 스펜서는 근대 과학의 성과를 교육의 문제에 적용하여 고전적 지식의 절대성을 부정하고, 삶의 유용성 논리에 따라 지식의 위계를 결정하였다. 지식의 가치를 '쓸모(utility)'에서 찾으려는 공리주의적 태도였다.

  9-10줄 **인간의 삶을 구성하는 주요 활동들** 그러한 활동들로 학교 교육과정을 구성해야 한다는 스펜서의 주장은 20세기 초 미국의 진보주의(progressivism) 교육운동을 생각나게 한다.

088

왜, 자유교육인가?
헉슬리: 자유교육, 어디로 가야 하는가?
(Huxley: A Liberal Education and Where to Find It)

헉슬리(Thomas Henry Huxley)는 1825년에 태어나 1895년에 죽은 영국의 생물학자이다. 헉슬리는 1868년에 런던의 한 대학에서 '자유교육'을 주제로 강연을 하였다. 헉슬리는 전통적인 자유교과에 과학을 추가하면서 자유교육의 새로운 방향을 모색하였다. 헉슬리의 강연은 나중에 「자유교육, 어디로 가야 하는가?(A Liberal Education and Where to Find It)」라는 제목으로 그의 에세이 모음집 『과학과 교육(Science and Education)』(1893)에 실렸다.

¶. 어렸을 때 **자유교육**을 받은 사람은 마음이 몸을 지배하고, 모든 일을 기계처럼 쉽고 즐겁게 한다. 그의 지력은 정확하고, 냉정하고, 논리적인 엔진과 같다. 모든 부분이 균등한 힘을 갖고 천천히 순서대로 작동한다. 증기 엔진처럼 모든 것을 돌릴 준비가 되어 있고, 섬세하면서도 다듬어진 마음을 갖고 있다. 그의 마음은 위대한 **자연의 진리와 법칙에 대한 지식**으로 채워져 있다. 성장이 멈춘 금욕주의자와 달리 그에게서는 생명과 열기가 느껴진다. 그러나 그의 정념은 의지와 양심의 안내를 잘 따른다. 그는 아름다움을 사랑하고, 저속함을 싫어하며, 타인을 자신처럼 존중하는 것을 배웠다. 이것이 바로 자유교육을 받은 사람의 모습이다. 그는 가능한 한 자연과 조화를 이룬다. 그는 자연을 최대한 이용하고, 자연 또한 그러할 것이다. 자연과 인간은 공존할 수 없는 것이 아니다. 자연이 인간의 지혜로운 어머니라면, 인간은 자연의 대변인이자 의식적인 자아이며 해석자이다.[88]

• 註解

1줄 **자유교육(liberal education)** 19세기 접어들면서 영국 사회에서는 자유교육에 대한 찬반 논쟁이 벌어졌다. 뉴만이나 스펜서처럼 이분법적 선택을 고집하는 이들도 있었지만, 그 사이공간에서 새로운 가능성을 모색하는 이들도 있었다. 예컨대 밀은 뉴만처럼 자유교육을 옹호하는 입장이었지만, 인문학과 과학이 공존하는 교육과정을 구상하였다. 이와 반대로 헉슬리는 스펜서처럼 근대 과학의 성과를 교육과정에 포함해야 한다는 입장이었지만, 자유교과의 가치를 부정하지 않았다.

5-6줄 **자연의 진리와 법칙에 대한 지식** 자연과학에 대한 지식이다. 헉슬리는 자유교육의 범주를 인간에서 자연으로까지 확장하였다.

089

교육의 원칙
톨스토이: 대중교육에 대하여
(Толстой: О народном образовании)

톨스토이(Лев Николаевич Толстой)는 1828년에 태어나 1910년에 죽은 러시아의 문학가이자 사회개혁자이다. 톨스토이는 1859년 자신의 영지(領地) 야스나야 폴랴나에 가난한 농민들을 위한 실험학교를 세우고, 1862년까지 교육 사업에 전념하였다. 「대중교육에 대하여(О народном образовании)」(1862)는 톨스토이가 서유럽 교육시찰을 다녀온 뒤에 발행한 잡지 『야스나야 폴랴나(ЯснойПоляны)』에 실린 글이다. 이 논고에서 톨스토이는 대중들에게 교육의 자유를 되돌려 주라고 요구하였다.

¶1. 오늘날 **러시아인들**은 어떻게 행동해야 하는가? 우리는 영국, 프랑스, 독일, 미국의 교육철학과 교육방법을 무비판적으로 수용해야 하는가? 아니면, 철학적·심리학적 숙고를 통해 우리 스스로 인간 영혼의 발달과 젊은 세대의 교육을 위한 개념을 정립해야 하는가? 우리는 역사적 산물에 대한 피상적인 모방이 아닌 인간의 과거 경험에 대한 원론적인 이해를 통해 역사적 경험이 주는 가르침에 도달한다. 솔직히, 우리는 미래 세대에게 필요한 것이 무엇인지 잘 모르지만, 그래도 그것을 알기 위해 노력해야 한다. 우리 식으로 교육받는 것을 거부하는 **대중들**을 무식하다고 말하지 마라. 그들에게 우리 식의 교육을 강요하는 행태가 무식하고 오만한 것이니까. 그런 대중들의 저항을 반교육적인 것으로 폄하하지도 마라. 그 속에 담겨 있는 대중들의 의지야말로 우리 교육 활동의 유일한 지침일 테니까. 마지막으로, 과거의 교육 이론과 실제가 우리에게 명확히 일러주는 다음의 원칙을 마음에 새겨라. 즉 교육하는 사람은 무

엇이 좋고 나쁜지 식별할 수 있어야 하고, 교육받는 사람은 자신의 불만을 표출할 수 있어야 한다. 적어도 교육받는 사람은 내적인 본성에 반하는 교육을 거부할 줄 알아야 한다. 이것이 교육의 유일한 준거, 바로 '자유'이다.[89]

• 註解

1줄 러시아인들 당시 문화적 변방이었던 러시아에서는 서유럽의 '선진' 문물 수용에 적극적이었다. 톨스토이는 젊어서 서유럽 여행을 몇 차례 다녀온 뒤로 러시아의 대중들을 위한 교육 및 사회개혁 운동에 관심을 가졌다.

8줄 대중들 톨스토이는 1857년에 스위스, 프랑스, 독일, 이탈리아를 반년 가까이 여행한 뒤에 자신의 영지로 돌아와 1859년부터 농부의 아이들을 위한 교육 활동을 시작하였다. 1860년에 톨스토이는 다시 한번 서유럽 여행길에 올랐다. 이번에도 톨스토이는 독일, 스위스, 프랑스, 이탈리아를 방문하고, 서유럽의 선진 교육 실제와 방법을 공부하였다.

16줄 자유(свобода) 비단 교육뿐만 아니라, 사회개혁의 유일한 준거이기도 하다. 1861년에 톨스토이는 영국과 벨기에를 방문해 러시아의 망명 인사들을 비롯해 유럽의 사회개혁자들과 교우하였다. 러시아로 돌아온 톨스토이는 그해 초 공포된 농노해방령에 따라 지역 농부들에게 토지를 분배하는 조정자로 활동하면서 사회개혁 운동에 동참하였다.

090

초인(超人)을 기다리며
니체: 교육기관의 미래
(Nietzsche: Über die Zukunft unserer Bildungsanstalten)

니체(Friedrich Wilhelm Nietzsche)는 1844년에 태어나 1900년에 죽은 독일의 철학자이다. 니체는 1872년에 스위스 바젤 대학에서 '독일 교육기관들의 미래'를 주제로 다섯 차례 강의를 하였다. 원래는 여섯 번의 강의가 계획되어 있었으나, 니체는 마지막 강의 약속을 지키지 못하였다. 니체는 독일 교육의 미래를 논하면서 대중교육을 주장하는 사람들을 비판하는가 하면, '초인'을 위한 엘리트 교육을 강조하였다.

¶. 나는 오랫동안 "**대중교육**"을 주장하는 사람들을 주의 깊게 살펴보았다. 내가 도달한 결론은 그들이 의식적으로 또는 무의식적으로 모두에게 야만의 올가미를 씌우려 한다는 것이다. 그러나 자연의 질서는 그들이 바라는 무제한의 자유를 절대 허락하지 않을 것이다. 대중은 섬김과 복종을 위해 태어났다. 그들의 얼룩진, 경직된, 변변찮은 생각과 행동은 자연이 그들을 어떤 **점토**를 사용해 만들었고, 또 그들의 몸에 어떤 품질표시를 하였는지 분명히 보여준다. 그러므로 대중교육은 우리의 목적이 될 수 없다. 우리의 목적은 인간 중에서 위대하고 영구적인 업적을 남길 수 있는 유능한 개인들을 선발해 그들을 교육하는 것이다. 단언컨대 우리의 정의로운 후손들은 한 시대가 배출한 위대한, **고독한 영웅들**을 염두에 두면서 그러한 존재들이 세상 사람들의 인정과 존경과 숭배의 대상이었는지, 아니면 숨김과 학대와 말살의 대상이었는지 판단하여 대중교육의 집합적 가치를 평가할 것이다.[90]

• 註解

1줄 대중교육(Volksbildung) 평범한 다수를 위한 교육을 말한다. 보통 사람(δημος)에 의한 지배(κράτος)라는 민주주의 개념과 상통한다. 니체는 민주주의의 만민평등사상을 인간의 차이와 다름을 인정하지 않고 탁월한 소수의 출현을 반기지 않는 나약하고 위선적인 이념으로 비판한다.

6줄 점토 플라톤의 『국가』에서의 논의(금, 은, 동 본성에 대한)가 생각난다(supra, 27).

10줄 고독한 영웅들(einsam schreitenden Helden) 니체는 흔히 초인의 철학자로 알려져 있다. 교육 문제에서도 니체는 대중과 영웅을 서로 대비시키면서 '최후의 인간'으로 호명되는 일상의 현존재(現存在)를 비판하는 한편, 자기초극의 실존적 행위로서의 '초인(Übermensch)'을 갈망하였다.

091

새로운 세기, 새로운 교육
케이: 아동의 세기
(Key: Barnets århundrade)

케이(Ellen Karolina Sofia Key)는 1849년에 태어나 1926년에 죽은 스웨덴의 여류작가이자 교육자이다. 케이는 1900년에 그녀의 대표작 『아동의 세기(Barnets Århundrade)』를 출판하였다. 이 책에서 케이는 새로운 세기에는 새로운 교육을 통해 새로운 인간을 양성해야 한다고 주장하였다. 케이는 20세기를 아동의 세기로 규정하고, 아동의 자발적 성장을 돕는 교육을 강조하였다. 케이의 교육학은 '스스로 성장하게 함'을 목표로 하는 이른바 '아동으로부터의 교육학'이었다.

¶. 일찍이 **괴테**는 『베르테르』에서 '**아동의 세기**'를 상징하는 개인적이고 심리적인 훈련의 중요성을 말하였다. 괴테의 책은 유년기의 특징에 가려 잘 보이지 않는 아이의 잠재적 의지와 아이의 원죄 이면에 숨어 있는 타락하지 않은 선의 맹아를 보여준다. 괴테는 말한다. "나는 '어른과 아이가 따로 있는 것이 아니다'라는 인류의 위대한 스승이 남긴 말을 기억한다. 오늘날 우리는 아이들을 우리 자신을 비춰보는 거울 같은 존재가 아닌 우리보다 열등한 존재로 간주한다. 우리는 아이들에게 자발적 의지가 없다고 말한다. 그렇다면 우리에게는 그런 것이 있던가? 우리의 특권은 어디에서 오는가? 우리가 나이와 경험이 많기 때문인가? 신이시여, 당신 앞에는 오직 나이가 많은 아이와 나이가 적은 아이만 있을 뿐이다. 당신 아들의 말처럼, 당신은 아이들에게서 더 큰 기쁨을 얻는다. 사람들은 당신 아들을 믿지만, 그의 말은 듣지 않는다. 이것은 해묵은 과제다. 사람들의 바람은 아이들이 어른들을 모범으로 삼는 것이다." 이러한 비판은

우리 시대의 교육자들에게도 유효하다. 입으로는 진화, 개별성, 자연적인 성향과 같은 말들을 떠들어대지만, 정작 자신들이 믿고 있다고 호들갑을 떠는 새로운 것들을 실천하지 않는다. 그들은 계속해서 과거의 방식대로, 즉 인간의 원죄를 믿고 있는 사람들처럼 교육한다. 아이의 타고난 죄에 재갈을 물려 그것을 길들이고 억압한다. 아이의 변화에는 관심이 없다. 오늘날 성행하는 새로운 믿음은 괴테의 생각(모든 원죄는 그 안에 덕의 맹아가 들어있는 단단한 조개껍데기와 같다)을 방증한다. 현대인들의 교육에는 여전히 오래된 의학 규칙(상처를 고친다고 또 다른 상처를 내는)의 흔적이 남아 있다. 현대인들은 상처가 자연히 치유될 때까지 시간을 갖고 조용히 기다리는 새로운 방식에 익숙하지 않다. **자연의 일**을 돕기 위해 주변 환경을 조성하는 일, 그것이 바로 교육이다.[91]

• 註解

[1줄] 괴테(J. W. Goethe) 괴테는 1772년에 고등법원 실습생으로 베츨러에 몇 달 머물면서 약혼자가 있던 샬로테(Charlotte)와 이룰 수 없는 사랑을 겪었는데, 이때의 경험을 바탕으로 『젊은 베르테르의 슬픔(Die Leiden des jungen Werthers)』(1774)을 썼다. 케이의 자료는 베르테르의 6월 29일 편지다.

[1줄] 아동의 세기(Barnets århundrade) 20세기를 말한다. 아동교육학의 발흥기다. 18세기 루소에 의한 아동의 재발견, 19세기 프뢰벨의 킨더가르텐 운동 등이 역사적 전조(前兆)를 이루었다.

[23줄] 자연의 일 안으로부터의 성장과 발달이다. 밖으로부터의 인위적인 형성이나 주입에 반대한다.

092

개인과 사회의 변증법
듀이: 나의교육신조
(Dewey: My Pedagogic Creed)

듀이(John Dewey)는 1859년에 태어나 1952년에 죽은 미국의 철학자이자 교육학자이다. 듀이는 진보주의 교육철학을 대표하는 인물이다. 듀이는 1897년 『스쿨저널(School Journal)』에 「나의교육신조(My Pedagogic Creed)」를 발표하였다. 이 글은 듀이의 사회·민주주의적인 교육관이 담겨 있는 가장 초기의 논고이다. 듀이는 사회와 개인 간의 변증법적 화해를 통해 '사회적인 개인'이라는 새로운 교육 목적을 도출하였다.

¶. 나는 개인이 교육을 받으면 **사회적인 개인**이 된다고 믿는다. 그리고 사회는 개인들의 유기적인 조합이라고 믿는다. 만일 우리가 아이로부터 사회적인 요소를 **제거**해 버리면, 우리 앞에는 단지 추상적인 존재만 남는다. 이와 반대로 만일 우리가 사회로부터 개인적인 요소를 제거해 버리면, 남는 것이라곤 무기력하고 생명력 없는 대중들뿐이다. 그러므로 교육은 아이의 능력, 관심, 습관에 대한 심리학적인 통찰로부터 시작해야 한다. 교육의 각 단계에서는 이러한 개인적인 특성을 심사숙고해야 한다. 우리는 아이의 능력과 관심과 습관을 부단히 해석하면서 그것들이 의미하는 바가 무엇인지 바르게 이해해야 한다. 우리는 또한 이러한 개인적인 요소들을 그에 상응하는 사회적인 요소들에 비추어 해석하고, 그것들이 사회에 봉사하는 방법이 무엇인지 찾아야 한다.[92]

- **註解**

1줄 **사회적인 개인(a social individual)** 듀이의 교육 목적이다. 개인 대 사회라는 이분법적 사고를 넘어 개인과 사회 간의 변증법적 통합을 강조하였다. 개인과 사회의 모순과 갈등을 해결하고 극복하면서 이상적인 공동체를 실현하려는 노력이다. 미국의 사상가치고는 사회주의적인 색채가 짙어 듀이는 한때 '위험한' 철학자로 분류되기도 하였다.

3줄 **제거** 소거의 과정을 통해 무의미를 부정하고 유의미한 것을 찾는 변증법적 논의다. 듀이의 헤겔주의자(Hegelian)로서의 면모가 묻어난다.

093

학교와 삶의 관계
듀이: 학교와 사회
(Dewey: The School and Society)

듀이는 1899년에 시카고 대학 부속 초등학교의 부모들을 대상으로 세 차례 강의를 하였다. 듀이의 목적은 지난 삼 년간의 교육실험을 철학적으로 정당화하는 것이었다. 이듬해 듀이는 자신의 강의 원고를 정리해『학교와 사회(The School and Society)』를 출판하였다.『학교와 사회』에서 듀이는 학교를 '축소된 사회'로 간주하고, 학교에서 아이들이 삶의 다양한 활동들을 경험할 수 있어야 한다고 주장하였다.

¶. 학교에서 경험하는 다양한 종류의 삶의 활동들은 학교생활에 활기를 불어넣는다. 학교와 삶의 관계는 가까워지고, 학교는 아이의 생활 근거지가 된다. 학교에서 아이는 직접 삶을 통해 배울 뿐, 추상적인 미래의 삶에 대해 배우지 않는다. 이러한 관점에서 학교는 '**축소된 사회**'가 되고, 그곳에서 아이는 삶을 살아가는 방식을 배운다. 산업사회에서 아이의 노동은 생산에 귀착되었다. 아이의 노동은 나눔을 위한 활동이 아니었다. 교육의 결과는 눈에 보이지만, 부수적이고 의존적이었다. 그러나 시간이 지나면서 학교에서 경험하는 삶의 활동들도 점차 경제적인 이해관계에서 벗어났다. 오늘날 삶의 활동들은 생산품의 경제적인 가치보다 **사회적인 능력과 식견의 발달**을 목적으로 한다. 편협한 유용성 논리로부터 해방되면서 인간 정신에 새로운 가능성이 열리고, 학교에서는 삶의 활동들이 예술, 과학, 역사와 서로 결합된다.[93]

- **註解**

  4줄 **축소된 사회(an embryonic society)** 듀이의 학교 개념이다. 학교가 삶의 방식을 배우는 곳이라는 의미다. 교육이 삶과, 또 학교가 사회와 동떨어져서는 안 된다는 가정이다.

  9-10줄 **사회적인 능력과 식견의 발달** 전통적으로 교육은 '개인적인 지능'을 계발하는 일로 여겨졌으나, 듀이는 학교에서 삶을 구성하는 다양한 활동들을 경험하면서 '사회적인 지능(social intelligence)'을 계발해야 한다고 주장하였다.

094

교육, 경험, 성장
듀이: 민주주의와 교육
(Dewey: Democracy and Education)

듀이는 1916년에 『민주주의와 교육(Democracy and Education)』을 출판하였다. 이 책은 듀이의 교육철학을 집대성한 것이다. 아래 인용문에서 듀이는 성장의 개념으로부터 시작해 교육, 경험, 삶의 상호 관련성을 차례대로 살펴보았다. 특히, '교육은 경험의 재구성'이라는 기술적 정의는 듀이 철학의 도구주의적이고 실용주의적인 성격을 잘 보여준다.

¶. **성장**은 안에 있는 잠재능력을 밖으로 끄집어내는 것, 또는 밖으로부터(자연세계나 과거의 문화유산을 통해) 가치를 만들어내는 것과는 완전히 다른 개념이다. 성장의 의미는 '**교육은 경험의 끊임없는 재구성**'이라는 말 속에 함축되어 있다. 성장은 항상 현재의 목적에 주목하고, 교육적인 활동을 통해 그 목적을 달성한다. 유년기, 청소년기, 성년기에 따라 경험의 질적(質的)인 형태는 서로 다르지만, 모든 경험이 똑같이 교육적이다. 삶의 각 단계에서 우리는 경험을 통해 참된 앎에 도달한다. 그리고 삶을 산다는 것 자체가 살아가는 경험을 통해 삶의 의미를 풍요롭게 만드는 일이다. 이렇게 해서 우리는 경험의 재구성이라는 **교육의 기술적(技術的) 정의**에 도달한다. 경험의 재구성은 경험의 의미를 추가하고, 다음에 오는 경험을 안내하는 능력을 증가시키는 것을 말한다.[94]

• 註解 ─────────────────────────────

[1줄] **성장** 유기체인 인간이 주변 환경과 상호작용하면서 경험을 재구성하는 과정을 일컫는다. 듀이 철학에서 성장, 경험, 교육은 호환이 가능한 개념들이다.

[3줄] **교육은 경험의 끊임없는 재구성(a constant reorganization or reconstructing of experience)** 듀이의 유명한 교육 개념이다. 교육은 '경험'하고, '반성적으로 사고'하고, '경험을 재구성'하는 일련의 과정을 거쳐 앎에 도달하고 삶의 목적으로서의 성장을 이루는 일이다.

[9–10줄] **교육의 기술적(technical) 정의** 교육의 수단적 가치에 주목하는 도구주의(instrumentalism)적 접근이자 실행·실험을 중시하는 실용주의(pragmatism)적 입장이다.

095

인간교육의 본질
슈타이너: 인간교육학의 전제
(Steiner: Anthroposophische Pädagogik und ihre Voraussetzungen)

슈타이너(Rudolf Joseph Lorenz Steiner)는 1861년에 태어나 1925년에 죽은 오스트리아의 교육학자이다. 슈타이너는 '발도르프 교육'의 창시자로서 1919년 독일 슈투트가르트에 자유발도르프학교(Freie Waldorf Schule)를 세웠다. 『인간교육학의 전제(Anthroposophische Pädagogik und ihre Voraussetzungen)』는 슈타이너가 1924년 부활절 주간에 베른에서 진행하였던 다섯 번의 강연을 책으로 묶은 것이다. 이들 강연에서 슈타이너는 삶을 위한 교육, 생명의 기운이 느껴지는 교육을 강조하였다.

¶. 교육의 황금률은 교사가 아이들과 함께 활동하면서 교육하는 일에 **생기를 불어넣는 것**이다. 물리적인 의미에서, 이것은 유기체에 피를 공급하면서 생명을 유지하는 것과 같다. 교사는 **세상에 대한 영적인 이해**를 통해 자신의 영혼에 생명의 기운을 북돋아야 한다. 이러한 생명의 기운은 모든 교수(敎授) 방법과 실제에 스며들어야 한다. 그렇지 않으면, 교육하는 일은 추상적인 원칙에 귀속되고 만다. 결론적으로 나는 교육이 삶 그 자체를 위한 것이라고 할 때, 교사의 마음속에 다음과 같은 정신이 살아 있어야 한다고 믿는다. "물질의 추구는 영혼을 갉아먹는 일이고, 영혼의 발견은 온전한 인간이 되는 일이며, 인류애의 인식은 세상과 교감하는 일이다."[95]

• 註解

2줄 **생기를 불어넣는 것(belebend)** 교육을 하는 사람이든, 교육을 받는 사람이든 모두 생명성이 충만해야 한다. 이것이 슈타이너가 말하는 인간교육학의 전제이다.

3줄 **세상에 대한 영적인 이해(durchgeistigten Weltanschauung)** 세상과의 정신적 교감이 슈타이너가 말하는 삶을 위한 교육(Art Lebenserziehung)의 토대이다. 물질적 세태에 대한 비판이다.

096

아이의 성장에 필요한 것
몬테소리: 아동의 발견
(Montessori: La scoperta del bambino)

몬테소리(Maria Tecla Artemesia Montessori)는 1870년에 태어나 1952에 죽은 이탈리아의 의사이자 교육자이다. 몬테소리는 1907년에 로마 빈민가에 어린이집을 열고, 오늘날 '몬테소리 방법'으로 널리 알려진 교육실험을 시작하였다. 몬테소리는 『아동의 발견(La scoperta del bambino)』(1950/1948)에서 '자기교육' 방법을 강조하였다. 아이는 적절한 환경만 준비되면 스스로 성장해 나가는 존재라는 것이다.

¶. **어린아이의 자유**에 대해 말할 때 우리는 아이들의 목적 없는, 무질서한 행동들을 염두에 두는 것이 아니다. 단지 정상적인 발달에 방해가 되는 장애물들로부터 아이의 삶을 해방하는 데 관심이 있을 뿐이다. 우리는 아이의 위대한 임무, 즉 **'성장해서 인간이 되는 일'**을 끊임없이 독려해야 한다. 오늘날 가정과 학교 모두에서 어린아이의 성장에 우호적이지 못한 환경이 찾아지는 이유는, 우선 아이 스스로가 자신의 임무와 내적인 필요를 잘 모르기 때문이고, 다음으로 어른들이 아이에게 그것들이 무엇인지 설명해주지 못하기 때문이다. 아이의 해방은 아동기의 비밀에 대한 주도면밀한 학습을 통해 아이의 필요에 반하는 것들을 제거하는 것이다. 이러한 목적을 달성하기 위해 아이의 참된 필요에 대한 어른들의 크나큰 관심과 세밀한 주의가 요구된다. 특히 아이가 일련의 흥미로운 활동을 통해 성취감을 느끼면서 자신의 에너지를 체계적으로 발산할 수 있는 **적절한 환경**을 만드는 일이 중요하다.[96]

• 註解

1줄 **어린아이의 자유** 외부의 간섭으로부터 자유라는 '소극적' 의미와 아이의 자발적 성장을 위한 자유라는 '적극적' 의미가 함께 담겨 있다.

4줄 **성장해서 인간이 되는 일**(crescere e diventare un uomo) 몬테소리는 아이 본연의 임무에 우호적인 환경을 조성하는 일이 교육이라고 보았다.

13줄 **적절한 환경** 모든 교육은 자기교육이다. 몬테소리는 아이의 유목적적 활동을 돕는 각종 교구의 개발과 활용에 관심을 가졌다.

097

타자(他者)의 윤리
부버: 교육에 대하여
(Buber: Rede über das Erzieherische)

부버(Martin Buber)는 1878년에 태어나 1965년에 죽은 오스트리아의 철학자이자 교육학자이다. 부버는 실존주의 교육철학을 대표하는 인물로서 흔히 '만남'의 철학자로 알려져 있다. 부버는 1925년에 하이델베르크 국제교육학대회에서 「교육에 대하여(Rede über das Erzieherische)」를 발표하였다. 이 글에서 부버는 교사와 학생의 상호신뢰에 바탕을 두는 간(間)주관적인 관계가 교실 속 강제와 훈육을 대신해야 한다고 주장하였다.

¶. 교사는 **상대방**을 경험하면서 한편으로는 차이에 따른 한계를, 다른 한편으로는 타인과의 연대감을 느낀다. 교사는 자신의 접근이 수용 가능한 것인지를 "상대방"으로부터 감지한다. 물론 그것이 일시적인 감정이나 불확실한 감정에 불과할 때도 많다. 그러나 이러한 타자의 경험으로부터 영혼이 참으로 필요로 하는 것과 그렇지 않은 것이 드러난다. 같은 방식으로 아이가 좋아하고 싫어하는 음식을 지켜보면서 그 아이의 몸이 원하는 영양소가 무엇인지 이해할 수 있다. 한 인간에게 지금 필요한 것과 그렇지 않은 것이 무엇인지 배우면서 교사는 종종 인간이라는 존재가 성장하는 데 필요한 것이 무엇인지 깊이 깨닫는다. 동시에 그는 "교사"로서 이러한 필요를 충족시켜 주기 위해 자신이 할 수 있는 일과 그렇지 못한 일을, 또 그가 당장 할 수 있는 일과 그렇지 못한 일을 깨닫는다. 이 세상을 살면서 자신에게 할당되고 맡겨진 책임, 살아 숨 쉬는 영혼에 대한 전가할 수 없는 책임은 교사에게 **자기교육**이라는 힘들고 불가능해 보

이는 과제를 남긴다. 자기교육은 흔히 말하듯이 자기 자신과 관련된 활동이 아니다. 그것은 세상의 의미를 알기 위해 세상과 관계를 맺는 활동이다. 교사는 아이의 성장에 필요한 세상의 의미를 선별해 그것을 그의 마음에 가져다주는 일을 해야 한다.[97]

• **註解**

1줄 **상대방** 부버는 서양철학의 미개척 분야로 남아 있던 '존재'의 문제에 주목하면서 교사가 교실 속 타자인 학생의 존재를 경험하는 일이 중요하다고 보았다. 이는 데카르트 철학으로 명명되는 자기중심적인 사유 방식에서 벗어나 나의 존재론적 정체성을 타자와의 근원적 만남을 통해 형성하려는 시도였다.

13줄 **자기교육(Selbsterziehung)** 자기충족적인 원자적 존재가 타자화(他者化)를 통해 세상에 대한 이해의 지평을 넓히는 활동이다.

098

두 개의 잘못된 길
마리탱: 기로에 선 교육
(Maritain: Education at the Crossroads)

마리탱(Jacques Maritain)은 1882년에 태어나 1973년에 죽은 프랑스의 기독교 철학자이다. 마리탱은 2차 세계대전이 종전으로 치닫던 1943년에 미국으로 건너가 예일 대학에서 테리 강연(Terry Lecture)을 하였다. 마리탱은 그의 강의 원고를 정리해 『기로에 선 교육 (Education at the Crossroads)』(1943)을 출판하였다. 이 책에서 마리탱은 전후 기술주의 사회의 위험성을 경고하고 인간 존엄성의 회복을 위한 교육을 강조하였다.

¶. 앞으로 민주적인 교육을 받으며 성장해야 할 우리의 젊은이들이 믿을 수 없는 신념에만 휩싸여 있고, 단지 기술적인 세계만을 신봉한다면, 우리는 나치 독일에 군사적으로 기술적으로만 승리하였을 뿐, 도덕적으로는 나치 독일이 우리를 점령한 것이나 다름없다. **파시즘과 나치즘**은 인간 영혼의 존엄함을 철저하게 부정하면서 오로지 물질적이고 생물학적인 기준에 의해 인간의 삶과 도덕성을 설명한다. 인간처럼 흠모나 경애의 감정에 따라 행동하는 존재에게 **전체주의적 리바이던**에 대한 광적인 숭배는 피할 수 없는 일이다. 기술은 인간의 영혼과 목적에 도움이 되는 수단으로 남아 있을 때 좋은 것이다. 그러나 기술주의(기술에 대한 지나친 강조와 숭배로 인해 도구적인 가치로 수렴되지 않는 다른 모든 상위의 지혜와 이해가 배제되는 현상)는 인간의 삶을 폭력적이고 쾌락적인 관계로 몰아가고, 결국에는 지배의 철학으로 물들일 것이다. 기술주의 사회를 민주적으로 만들기 위해서는 기술을 제어할 수 있는 영혼이 있어야 한다. **베르그송**

의 말처럼 "몸집이 클수록 그에 걸맞은 성숙한 영혼이 있어야 하고," "기술적인 것"은 "영혼적인 것"을 필요로 하는 것이다.[98]

- 註解

  [4줄] **파시즘과 나치즘** 20세기 전반기 동안 유럽 사회에 어둠의 그림자를 드리웠던 전체주의 망령이다.

  [7줄] **전체주의적 리바이던** 리바이던(Leviathan)은 성경에 나오는 거대한 괴물이다. 17세기 영국의 철학자 홉스(Thomas Hobbes)가 남긴 책의 제목이기도 하다. 홉스는 만인의 투쟁상태에서 벗어나기 위하여 리바이던처럼 무소불위의 강력한 국가가 필요하다고 주장하였다. 기독교 철학자였던 마리탱은 20세기 전체주의 국가를 리바이던에 비유하였다.

  [13–14줄] **베르그송의 말** 마리탱의 자료는 베르그송의 『도덕과 종교의 두 원천(Les deux sources de la morale et de la religion)』, 4장(Mécanique et mystique), 335. 베르그송(Henri Bergson)은 1859년에 태어나 1941년에 죽은 프랑스의 철학자이다. 마리탱은 베르그송의 '엘랑 비탈(élan vital)'의 개념을 염두에 두면서 기술주의(technocracy) 시대에 물질을 제어하는 영혼의 창조적 생명력을 강조하였다.

099

아이를 믿고, 자유를 믿는다

닐: 섬머힐

(Neill: Summerhill)

닐(Alexander Sutherland Neill)은 1883년에 태어나 1973년에 죽은 영국의 진보주의 교육자이다. 닐은 1921년 영국 서포크에 '섬머힐'이라는 학교를 세웠다. 섬머힐은 흔히 자유의 학교로 알려져 있다. 닐은 아동의 자유를 믿었고, 민주주의의 원칙에 따라 학교를 운영하였다. 닐은 1960년에 그의 교육실험을 소개하는 책, 『섬머힐(Summerhill)』을 출판하였다.

¶. 우리는 아이들이 **자유**를 마음껏 누릴 수 있는 학교를 만들었다. 이를 위해 모든 종류의 훈육, 지도, 충고, 도덕훈련, 종교지침은 폐지하였다. 사람들은 이러한 우리를 용감하다고 말하였지만, 사실 이러한 일을 하면서 용기 같은 것은 필요 없었다. 아이들이 나쁘지 않은 착한 존재들이라는 완전한 믿음만 있으면 그만이었다. 지난 사십여 년 동안 아이들의 선량함에 대한 우리의 믿음에는 변화가 없었다. 오히려 우리의 믿음은 확고한 신념으로 바뀌었다. 내 관점은 아이들이 선천적으로 지혜롭고 현실적이라는 것이다. 따라서 어른들의 간섭 없이 그냥 내버려 두면 아이들은 스스로 능력껏 성장한다는 것이다. 논리적으로 말하면, **섬머힐**은 타고난 재능이 있고 학자가 되고 싶은 아이들은 학자가 될 수 있는 장소이다. 반면에 길거리 청소가 적성에 맞는 아이들은 청소부가 될 수 있는 장소이다. 그러나 지금까지 우리의 졸업생 중에 청소부가 된 아이는 한 명도 없었다. 이렇게 말한다고 해서 내가 지금 학교 자랑을 늘어놓는 것은

아니다. 나는 신경질적인 학자를 배출하는 학교보다 **행복한 청소부**를 길러내는 학교를 더 좋아하기 때문이다."

• 註解

1줄 **자유** 방종과는 다르다. 자율적인 자기 조정이다. 섬머힐에 이백 개가 넘는 자발적인 약속과 규칙이 있으며 이를 어겼을 때 제재가 따른다는 사실을 기억하라. 어른들의 간섭이 없을 뿐, 아이들 전원이 참여하는 자치회에서 모두가 자유를 누리면서 행복하게 살아가는 방안을 스스로 의논해서 결정한다.

9줄 **섬머힐** 자유의 대명사다. 아이들을 학교에 맞추는 것이 아니라 학교를 아이들에게 맞추자는 취지로 설립한 학교이다.

14줄 **행복한 청소부** 섬머힐의 교육철학을 단적으로 말해준다. 신경질적인 아이들이 넘쳐나는 우리의 가정, 학교, 사회에 경종을 울린다.

100

학교와 세상의 연대
프레네: 작업을 통한 교육
(Freinet: L'éducation du travail)

프레네(Célestin Freinet)는 1896년에 태어나 1966에 죽은 프랑스의 교사이자 교육개혁자이다. 프레네는 교사들의 협력을 통해 공립학교를 안으로부터 개혁하려고 하였다. 프레네는 1949년에 그의 교육철학과 교육방법을 정리해『작업을 통한 교육(L'éducation du travail)』을 출판하였다. 이 책에서 프레네는 작업(노동, 일), 학급조직, 학습자중심수업이라는 세 가지 교육 원칙을 제시하였다.

¶. 당신은 학교가 물건을 수용하는 창고와 같다는 점을 알아야 한다. 학교에 비치된 물건 목록은 얼마간의 논리적 구분에 따른 것이다. 당신도 알다시피, 창고에는 물건이 넘쳐나는데 정작 세상에는 물건이 부족하다고 아우성이다. 창고와 세상이 서로 소통하는 방식에 문제가 있다. 창고와 그것에 의존하는 세상일은 서로 밀접한 관계를 유지하면서 각자 효과를 극대화해야 한다. 우리가 꿈꾸는 학교에서는 이러한 상생의 연대가 단지 학습을 통해서만 이루어지지 않는다. 그보다 **작업**을 통한 창조, 그것이 힘들다면 최소한 그에 근접한 놀이를 통해 학교와 세상이 서로 건설적인 대화를 이어간다. 이러한 관점에서 교육의 주된 과제는 교실 작업에 우호적인 환경을 만들고, 동시에 아이들의 생산적이고 발달적인 작업을 돕는 **기술**을 개발하는 것이다. 이런 경우에 아이들에게는 질료[내용]에 해당하는 지식이 필요하다. 우리는 아이들이 필요할 때 원하는 것을 쉽게 얻을 수 있도록 창고에 물건을 잘 진열해 놓을 것이다. 그러면

아이들은 신이 나서 그들의 카트를 사방으로 몰고 다닐 것이다. 당신은
놀고 있을 때 이상으로 좋아서 어쩔 줄 모르는 아이들의 모습을 볼 것이
다. 얼마 지나지 않아 아이들은 그들의 카트를 전부 채우고, 그것도 모자
라서 양팔 가득히 물건을 들고 있을 것이다.[100]

- 註解

7줄 **작업(travail)** 프레네 교육학의 키워드다. 프레네 학교에서는 아동의 교실 작업이 주가 된다. 특히 아이들의 자유롭고 자발적인 공동작업을 중시한다. 여럿이 함께 작업하면서 자율과 책임, 협동의 의미, 그리고 민주적인 삶의 방식을 배운다.

11줄 **기술(techniques)** 프레네가 고안한 작업의 기술(도구, 방법)로는 '학교인쇄작업(imprimerie à l'école)', '자유글쓰기(texte libre)', '학교신문(journal scolaire)', '학교통신(correspondance scolaire)', '작업총서(bibliothèque du travail)', '작업계획서(plan du travail)', '자가수정카드(fichier autocorrectif)', '학급회의(conseil de classe)' 등이 있다.

출처

1 Ἰσοκράτης. **Κατὰ τῶν Σοφιστῶν**, Loeb Classical Library 229 (1992): 170, 172.

2 Ἰσοκράτης. **Περί Ἀντιδόσεως**, Loeb Classical Library 229 (1992): 288, 290.

3 Ἰσοκράτης. **Παναθηναϊκός**, Loeb Classical Library 229 (1992): 390, 392.

4 Ξενοφῶν. **Κύρου Παιδεία**, Loeb Classical Library 51 (1994): 14, 16.

5 Ξενοφῶν. **Οἰκονομικός**, Loeb Classical Library 168 (1997): 420, 422.

6 Πλάτων. **Πολιτεία**, Loeb Classical Library 237 (1937): 304, 306.

7 Πλάτων. **Νόμοι**, Loeb Classical Library 187 (1961): 64, 66.

8 Ἀριστοτέλης. **Ἠθικὰ Νικομάχεια**, Loeb Classical Library 73 (1956): 630.

9 Ἀριστοτέλης. **Πολιτικά**, Loeb Classical Library 264 (1959): 634, 636.

10 Cicero. **De oratore**, Loeb Classical Library 348 (1996): 80.

11 Seneca. **De ira**, Loeb Classical Library 214 (1928): 208, 210, 212.

12 Seneca. **Epistulae morales**, Loeb Classical Library 75 (2002): 346, 348.

13 Quintilianus. **Institutio oratoria**, Loeb Classical Library 124 (1996): 18, 20.

14 Πλούταρχος. **Περὶ παίδων ἀγωγῆς**, Loeb Classical Library 197 (2000): 6, 8.

15 Πλούταρχος. **Ἀποφθέγματα Λακωνικά**, Loeb Classical Library 245 (1961): 352, 354.

16 Βασίλειος. **Πρὸς τοὺς νέους**, Loeb Classical Library 270 (1934): 392, 394.

17 Hieronymus. **Ad Laetam de institutione filiae**, Loeb Classical Library 262 (1933): 346, 348.

18 Gerson, Jean. **Tractatus de parvulis ad Christum trahendis** (1844): 30-31.

19 Vergerio, Pier Paolo. **De ingenuis moribus** (1485): A2.

20 Bruni, Leonardo. **De studiis et litteris** (1483): 1.

21 Guarino, Battista. **De ordine docendi et studendi libellus** (1704): 93-94.

22 Sylvius, Aeneas. **De liberorum educatione**, I Tatti Renaissance Library 5

(2002): 156, 158.
23 Erasmus, Desiderius. **De pueris instituendis** (1561): F5.
24 Erasmus, Desiderius. **De ratione studii** (1519): A2.
25 Erasmus, Desiderius. **Institutio principis christiani** (1518): 12-13.
26 Luther, Martin. **An die Ratsherren aller Städte Deutschlands** (1524): D-D2.
27 Luther, Martin. **Eine Predigt, dass man Kinder zur Schule halten soll** (1530): J4.
28 Elyot, Thomas. **The Book named The Governor** (1962): 15.
29 Vives, Juan Luis. **De tradendis disciplinis**, De disciplinis libri 12 (1636): 672-673.
30 Vives, Juan Luis. **De institutione foeminae christianae** (1538): 11-12.
31 Rabelais, François. **Gargantua et Pantagruel**, Oeuvres de maitre François Rabelais, I (1732): 291-292.
32 Melanchthon, Philip. **De ordine discendi, habita in promotione Magistrorum**, Declamationum, I (1570): 97.
33 Melanchthon, Philip. **De necessaria coniunctione Scholarum cum Ministerio Evangelii**, Declamationum, I (1570): 89-90.
34 Sturm, Johann. **De literarum ludis recte aperiendis** (1539): A4.
35 Sturm, Johann. **De institutione principum**, Epistola & De educatione principum (1581): A4.
36 Ascham, Roger. **The Schoolmaster** (1967): 37-38.
37 Ascham, Roger. **Toxophilus**, The Whole Works of Roger Ascham, II (1864): 14.
38 Mulcaster, Richard. **Positions Concerning the Training Up of Children** (1994): 185-186.
39 Montaigne, Michel. **Du pedantisme**, Essais de Montaigne, I (1827): 221-222.
40 Montaigne, Michel. **De l'institution des enfans**, Essais de Montaigne, I (1827): 258-259.

41 Montaigne, Michel. **De l'affection des pères pour leurs enfants**, Essais de Montaigne, II (1827): 369-371.

42 Bacon, Francis. **The Advancement of Learning** (1973): 63-64.

43 Brinsley, John. **The Grammar Schoole** (1917): 50.

44 Komenský, Jan Amos. **Didaktika velká** (1948): 113-114.

45 Komenský, Jan Amos. **Informatorium školy mateřské** (1858): 12-13.

46 Milton, John. **Of Education**, The Prose Works of John Milton, III (1848): 464.

47 Hoole, Charles. **A New Discovery of the Old Art of Teaching School** (1912): 253-254.

48 Locke, John. **An Essay Concerning Human Understanding** (1838): 51.

49 Locke, John. **Some Thoughts Concerning Education** (1693): 1-2.

50 Locke, John. **Of Study**, Some Thoughts Concerning Education (1884): 202-203.

51 Fénelon, François. **De l'éducation des filles** (1848): 2-3.

52 La Salle, Jean Baptiste. **Conduite des écoles chrétiennes** (1823): 176-178.

53 Rollin, Charles. **Traité des études** (1881): I, 3.

54 Vico, Giambattista. **Le orazioni inaugurali** (1914): 60-61.

55 La Chalotais, Louis Réné. **Essai d'éducation nationale, ou Plan d'études pour la jeunesse** (1763): 23-25.

56 Franklin, Benjamin. **Proposals Relating to the Education of Youth in Pensilvania** (1931): 6-8.

57 Rousseau, Jean Jacques. **Émile, ou De l'éducation** (1791): I, 215-217.

58 Rousseau, Jean Jacques. **Julie, ou La nouvelle Héloïse** (1865): 478-479.

59 Rousseau, Jean Jacques. **Le citoyen, ou Discours sur l'economie politique** (1765): 44-46.

60 Diderot, Denis. **Plan d'une université pour le gouvernement de Russie**, Oeuvres complètes de Diderot, III (1875): 433.

61 Smith, Adam. **An Inquiry into the Nature and Causes of the Wealth of**

Nations (1979): II, 762-763.

62 Kant, Immanuel. **Über Pädagogik** (1878): 61-62.

63 Turgot, Anne-Robert-Jacques. **Le mémoire sur les municipalités**, Œuvres posthumes de M. Turgot, ou Mémoire de M. Turgot (1787): 14-15.

64 Turgot, Anne-Robert-Jacques. **Lettre à Madame de Graffigny**, Œuvres de Mr. Turgot, ministre d'état, IX (1810): 265-266.

65 Condorcet, Marquis. **Rapport et projet de décret sur l'organisation générale de l'instruction publique** (1793): 3-4.

66 Pestalozzi, Johann Heinrich. **Die Abendstunde eines Einsiedlers** (1915): 1-2.

67 Pestalozzi, Johann Heinrich. **Wie Gertrud ihre Kinder lehrt**, Sämmtliche Schriften, V (1820): 118-119.

68 Pestalozzi, Johann Heinrich. **Letters on Early Education, Addressed to J. P. Greaves** (1827): 4-5.

69 Fichte, Johann Gottlieb. **Reden an die deutsche Nation** (1824): 29-30.

70 Necker, Albertine Adrienne. **L'éducation progressive, ou Étude sur le cours de la Vie** (1844): I, 106-107.

71 Humboldt, Wilhelm. **Ideen zu einem Versuch, die Gränzen der Wirksamkeit des Staats zu bestimmen** (1851): 58-59.

72 Wordsworth, William. **The Prelude**, The Major Works (2008): 445.

73 Owen, Robert. **A New View of Society** (1995): 27-28.

74 Schelling, Friedrich. **Vorlesung über die Methode des akademischen Studiums** (1803): 67-69.

75 Herbart, Johann Friedrich. **Allgemeine Pädagogik aus dem Zweck der Erziehung abgeleitet** (1894): 32.

76 Herbart, Johann Frederich. **Umriss pädagogischer Vorlesungen** (1835): 1-4.

77 Herbart, Johann Friedrich. **Über die ästhetische Darstellung der Welt**, Pestalozzi's Idee eines ABC der Anschauung (1804): 243-244.

78 Fröbel, Friedrich. **Die Menschenerziehung**, Gesammelte pädagogische

Schriften, I (1863): 33-34.

79 Fröbel, Friedrich. **Die Pädagogik des Kindergartens**, Gesammelte pädagogische Schriften, II (1864): 271-272.

80 Grundtvig, N. F. S. **Skolen for Livet og Academiet i Soer borgelig betragtet** (1838): 20-21.

81 Mann, Horace. **Annual Reports on Education** (1868): 650-651.

82 Newman, John Henry. **The Idea of a University** (1910): 101-102.

83 Emerson, Ralph Waldo. **On Education**, The Complete Works of Ralph Waldo Emerson, X (1904): 143-144.

84 Mill, John Stuart. **On Liberty**, Utilitarianism, Liberty, Representative Government (1980): 161.

85 Mill, John Stuart. **Inaugural Address** (1994): 6-7.

86 Ruskin, John. **The Future of England**, The Crown of Wild Olive (1895): 186-187.

87 Spencer, Herbert. **What Knowledge Is of Most Worth?**, Education: Intellectual, Moral, and Physical (1866): 31-32.

88 Huxley, Thomas Henry. **A Liberal Education and Where to Find It**, Science and Education (1897): 86.

89 Толстой, Лев Николаевич. **О народном образовании**, Педагогические сочинения (1912): 53.

90 Nietzsche, Friedrich. **Über die Zukunft unserer Bildungs-Anstalten** (2017): 42-43.

91 Key, Ellen. **Barnets Århundrade** (1900): II, 1-2.

92 Dewey, John. **My Pedagogic Creed**, The Early Works, V (1972): 86.

93 Dewey, John. **The School and Society**, The Middle Works, I (1976): 12-13.

94 Dewey, John. **Democracy and Education**, The Middle Works, IX (1980): 82.

95 Steiner, Rudolf. **Anthroposophische Pädagogik und ihre Voraussetzungen** (1981): 88.

96 Montessori, Maria. **La scoperta del bambino** (2022): 80-81.

97 Buber, Martin. **Rede über das Erzieherische**, Werkausgabe, VIII (2005): 152-153.
98 Maritain, Jacques. **Education at the Crossroads** (1943): 114-115.
99 Neill, A. S. **Summerhill: A Radical Approach to Child Rearing** (1960): 4-5.
100 Freinet, Célestin. **L'éducation du travail** (1978): 197-198.

찾아보기

ㄱ
가르침 31
감각적인 사물 108, 145, 151
강압적인 통제 157
개인적인 요소 202
건강한 몸에 건강한 마음 114
경건함 84, 106, 108
경쟁 102, 103, 139
경험 112
경험의 재구성 206
계몽정신 147
고독한 영웅들 198
공공의 복리 72
공공의 선 74
공교육 135, 181
공교육 대 사교육 92
공립학교 180
공부에 대한 혐오감 49
공적인 정신 129
공(公)적인 것 33, 93
과학적 지식 19
괴테 200
교복(敎僕) 88
교사 49, 66, 87, 88, 110, 212, 213
교사의 역할 88
교양교육 101, 188
교육받은 사람 21

교육받은 여성 55, 76
교육은 모두에게 똑같은 것 33
교육의 가능성 171
교육의 경이로움 131
교육의 기술적(技術的) 정의 206
교육의 다양성 186
교육의 목적 172, 173
교육의 비밀 184
교육의 산물 114
교육의 의미 29
교육의 중요성 46
교육의 한계 171
교육의 황금률 208
교육의 효과 42
교육하는 일 172
교육학 170
국가 70
국가교육 128, 143, 159, 186, 191
국가교육위원회 143
국가의 교육적 책임 186
국가의 모든 아이 137
국가의 운명 122
국민교육 체제 155
국민국가 135
국민성 122
국민성의 발달 163
국민의회의 정신 147

권위 25, 118
규칙 179
기본적인 지식 137
기술주의 사회 214
기억을 채우는 일 94

» ㄴ
남녀 아이들 68
남성의 본성 25
내적인 본성 197
놀이 102, 174
농부 80, 90
농사일 43
노(老) 플리니우스 58

» ㄷ
다면적 흥미 167
다면적 흥미와 도덕적 품성 167
담론 116
대다수의 선량한 아이들 111
대중교육 198
대중들 196
대학 82, 100, 137, 182, 188
덕 21, 47, 60, 108, 137
도덕성 106, 167, 172
도덕적 습관 47
도덕적인 우수성 43
도덕적 지식 76
도야 141
독서 116
독일적 취향 178
돈 60

돈의 가치 191

» ㄹ
라디슬라스 60
러시아인들 196
레오노르 98
루소 157
리쿠르고스 45

» ㅁ
마음 59, 123
마음의 습관 183
말보다 행동 39
말에 대한 지식 64
매질 98
명상 116
모든 개인의 행복 증진 163
모든 독일인 155
민주적인 교육 214

» ㅂ
바벨 108
밥벌이 학문 165
베르그송 214
본성 43
본성의 필요 149
부모 88
부모의 무릎 위에서 96

» ㅅ
사랑 149
사랑과 위엄 51
사물에 대한 지식 64

사이에서 교육하며 37
사포 55
사회의 '모든' 계층 143
사회적이고 시민적인 공동체 생활 176
사회적인 개인 202
사회적인 능력과 식견의 발달 204
사회적인 요소 202
사회적 지위 27
삶에 유용한 것 74
삶을 위한 학교 178
삶의 필요 178
상대방 102, 212
상식적 견해 19
사(私)적인 것 33, 93
생각하는 습관 188
생명의 기운 208
선의 맹아 200
섬머힐 216
성 바울 120
성장 206
성장해서 인간이 되는 일 210
세네카 51, 66
세상에 대한 영적인 이해 208
소극적 131
소극적 교육 157
소크라테스 59
소피스트 17
솔론 60
소(少) 플리니우스 57
수업 141, 167
수(數), 형(形), 어(語) 151

쉽고 즐거운 일 104
스틸폰 59
스파르타 34, 45
습관 31, 43
습관 형성 163
시의원들 69
신의 귀중한 선물 74
실천적인 경험 17
실천적 지혜 75
실천철학[윤리학] 170
심리학 170
심리학적인 방법 151

》 ㅇ

아동의 세기 200
아리스토텔레스 49
아스파시아 55
아이들을 교육하는 목적 106
아이들의 발달과 교육 151
아이들의 선량함 216
아이들의 정원 176
아이를 존중하라 184
아이의 발달 153
아카데미 129
아틸리우스 57
암피온 124
양육 141
어린아이의 자유 210
어머니의 사랑 153
언어 64, 108
언어 학습 84
여가 57, 129

여럿이 함께 92
여성들의 일 118
여성의 본성 25
여성의 학식 55
오르페우스 124
오비디우스 51
오성 112
온화함과 단호함 120
올바른 순서 80
완전한 사람 21
왕자 66
우리의 방식 133
우수한 영혼 60
위(胃) 100
유년기 62, 153, 163
유치원 176
의학 규칙 201
이들 학습[인문학] 125
이성 43, 59
인간 능력의 자기발달 159
인간의 기술 35
인간의 본성 51, 157
인간의 삶을 구성하는 주요 활동들 192
인간의 행복 114
인문학적 가르침 81
일반의지 135

» ㅈ
자기교육 212
자기활동 174
자녀교육 70

자연 145, 161
자연과 인간 194
자연의 결과 184
자연의 길 104
자연의 선물 35
자연의 성장과 발달 과정 176
자연의 일 201
자연의 진리와 법칙 194
자연의 질서 133, 149, 198
자연적인 삶 174
자유 139, 197, 216
자유교육 183, 194
자유롭지 못하기 29
작업을 돕는 기술 218
작업을 통한 창조 218
잘못된 습관 50
적절한 환경 210
전체주의적 리바이던 214
정원사의 방법 72
좋은 교육 37, 51, 54
좋은 시민 29
좋은 학교 84
줄리 133
중용적 태도 66
지식 57, 59, 60, 62, 64, 74, 76, 77, 106
지식의 상대적 가치 192
지식의 원천 112
지자(知者)가 항상 현자(賢者)는 아니다 78
지적인 우수성 43
지혜 94

지혜로움 124
직관 165, 166
직업교육 100
진리 149
진짜배기 아이들 161
질리아 145

» ㅊ
책 57, 116, 161
천성 45
철학 100
철학적 담론 170
철학적 습관 183
추상적인 관념 145
축소된 사회 204

» ㅋ
코르넬리아 55
키케로 57
키케로의 언변 79
키클롭스 82

» ㅌ
타고난 능력 20
타고난 본성 17, 27, 31
타고난 재능 17, 35, 41
타고난 특질 35
타자의 경험 212
테미스토클레스 53
톰슨 129
통치자들 72

» ㅍ
페르시아 소년들 23
평등의 이념 135
평등하고, 보편적이고, 완전한 교육 147
프란체스코 1세 53
필리포스의 아들 49
필요한 돌봄 41

» ㅎ
하얀 종이 112
학교 23, 68, 70, 102
학교와 삶의 관계 204
학교와 세상 218
학료를 선택할 수 있는 권리 139
학료(學寮) 139
학문 57, 76, 82, 100, 122, 182
학문공동체 82, 182
학문을 가르치는 일 127
학문의 진보 100
학생들의 방식 51
학습 62
학습에 적합한 기지 90
학습의 목적 74, 108
학습의 순서 80
학습 활동 116
학식 84
학식 있는 사람들 127, 128
행복한 청소부 217
헤레스바흐 86
헤시오도스 47, 62
현재의 지식 94

현학적인 선생님들 94
형식적인 훈련 17
호라티우스 96
후천적 훈련 20
훈련의 결과 45

훈련의 효과 35
훈육 141
훌륭한 웅변가 35, 42
휴식 시간 90
흥미 167

김성훈 金成勳

강원도 춘천에서 태어났다. 강원대학교 사범대학 교육학과를 졸업하고, University of Alberta(Canada) 에서 교육학 전공으로 석박사학위(M.Ed., Ph.D.)를 취득하였다. 2007년부터 강원대학교 사범대학 교육학과 교수로 재직하고 있다. 그동안 주로 교육에 관한 역사철학적 연구를 해왔고, 최근에는 서양 지성사·문화사로 지적인 관심을 넓혀가고 있다.

E-mail: seonghoonkim@kangwon.ac.kr

교육고전산책

1판 1쇄 발행 2023년 6월 16일

지 은 이	김성훈
펴 낸 이	김진수
펴 낸 곳	한국문화사
등 록	제1994-9호
주 소	서울시 성동구 아차산로49, 404호(성수동1가, 서울숲코오롱디지털타워3차)
전 화	02-464-7708
팩 스	02-499-0846
이 메 일	hkm7708@daum.net
홈페이지	http://hph.co.kr

ISBN 979-11-6919-122-7 93370

· 이 책의 내용은 저작권법에 따라 보호받고 있습니다.
· 잘못된 책은 구매처에서 바꾸어 드립니다.
· 책값은 뒤표지에 있습니다.

오류를 발견하셨다면 이메일이나 홈페이지를 통해 제보해주세요.
소중한 의견을 모아 더 좋은 책을 만들겠습니다.